真実の原敬
維新を超えた宰相

伊藤之雄

講談社現代新書
2583

目次

序章
原敬をめぐる百年の誤解

シルクハットにフロックコートで正装した原敬。『写真集　原敬』より

原敬は泥臭い利益誘導政治家か

原敬《はらたかし》の名前は中学・高校の教科書のどれにも登場するので、日本の歴史に関心のある人の多くはその名を知っている。東北出身の政治家、大正期に日本で初めて本格的な政党内閣を組織した人、爵位を持たない初めての首相であったので「平民宰相《へいみんさいしょう》」と呼ばれたこと、東京駅で暗殺された人、といったことを思い出す人もあるだろう。

また、原は各地に国の費用で鉄道や道路を建設し、日本の経済発展を目指すとともに、自らの政党、立憲政友会の勢力拡大に利用した、と見る人も少なくないだろう。すなわち、戦後の自民党につながる、保守的で権力志向が強い泥臭い政治家、というイメージである。

実際の原は相当お洒落《しゃれ》な男であった。当時の正装のフロックコートの下に、ピンクのワイシャツを合わせて着こなし、上等のピカピカの革靴を履いた。南部《なんぶ》藩《はん》（盛岡藩）の家老格の家に生まれた原は、母の影響で、少年時代から和装の身だしなみに気を使った。それが、二九歳から三三歳にかけて外交官としてフランス公使館に勤務したパリ仕込みの洋装に生かされたのだろう。

また原は、政治家となって重要閣僚の内務大臣に就任し、一九〇七年（明治四〇）八月に盛岡市の料亭で地元有権者を招待して園遊会《えんゆうかい》を開いた際に、当時まだ珍しい生ビールでもてなしたことも面白い。

原の園遊会でビールを出すために、東京の目黒にあった東京ビール会社の社員が出張して、ビアホールを開いた。当時は制限選挙であったので、盛岡市選挙区の有権者も少なかった。この園遊会に招かれたのは、内務官僚である岩手県知事（官選）以下、有権者数より少し多い七百余名であった。彼らの多くは、地元の商店主（呉服・小間物・米穀・生糸）や事業者（鉱山・請負・建築・製造・印刷）などで、欧米はおろか東京へすらも行く機会がほとんどない者であった。

原は参加者をもてなすため、各人に料理の折詰《おりづめ》と瓶詰《びんづめ》の日本酒を用意し、芸妓《げいぎ》の踊りや煙火《はなび》の打ち上げで盛り上げた。このあたりは当時の定番である。

それに加えて生ビールというのは、大変に珍しかった。四年後（一九一一年）の盛岡の原邸での園遊会の様子を報じた地元新聞の記事から、参加者の様子を見てみよう。

原のような日本の「政治界の大立物」に招かれたのだから、不作法があってはならないはずだが、模擬店が開かれると、我がちに先を争って「突撃」する者、珍しい料理をたくさん手《て》巾《ふき》に包んで持ち帰る者があり、ビールの空き瓶に日本酒を詰めてぶら下げて帰る者がいるというのはなんたることか、と記者は嘆く。原の園遊会の参加者は、ビールより日本酒のほうが嬉しかったのである。

日本でビールを飲む習慣は一九三〇年代に入ってから大都市の学歴の高い中産階級以上の人々を中心に、ようやく広がり、地方の中小都市でも、都会のモダンな飲み物として、カフェーなどで提供されるようになる。

原は、日本の都市部でビールが普及する二〇年以上前から、盛岡市の人々に生ビールを出したのである。盛岡市の人々が生ビールを通じて西欧を味わい、世界に目を向ける一助にしたいと、原は考えたのだろう。

それでは、フランス仕込みのお洒落や生ビールのハイカラ趣味と、権力志向で泥臭い原の一般的なイメージとは、どういう関係なのか。

このイメージが出て来たのは、暗殺されて一〇〇年近くが経つ間に、太平洋戦争、戦後の池田《いけだ》勇人《はやと》内閣下の高度経済成長、田中角栄《たなかかくえい》ブーム、バブル経済、平成不況など、様々なことが起こったからである。原が実際に行ったことの記憶が曖昧《あいまい》になって、当時の状況や原の姿勢が伝わらず、かなり誤解されてとらえられるようになったものと思われる。

たとえば、原が首相になった一九一八年（大正七）九月末は、第一次世界大戦が終了する一ヵ月ほど前である。この戦争は、ヨーロッパを主な戦場として四年あまり続き、およそ一〇〇〇万人の戦死者を出した。日本はイギリス・アメリカ・フランス等連合国側に立って参戦し、ほとんど犠牲者を出さず戦勝国となった。しかし、戦後には熾烈《しれつ》な列強間の経済戦争が予想される中、そこで日本が勝ち残れるか等、じわじわと広がっていく行き詰まり感や将来への漫然とした不安感を、当時の識者たちは持っていた。ちょうど幕末や現代の日本に、似た状況である。

それに対し原は、交通網の整備にとどまらない日本の大改革を立案し、実行した。第一次世界大戦によって形成される新しい秩序に対応して、列強や中国との外交関係の再編、高等教育を中心とした教育機関の拡充と研究の充実など、列強との経済競争に負けないための国際・国内環境を整備したのである。原を先頭に政府が整備した体制を利用し、各企業も自律的に、自立心を持って創意工夫し、組織改革や技術・機械の導入を図る。こうして日本の行き詰まりを打開しようというのである。

当時の日本には、第一次世界大戦中にかつてない好景気が到来し、獲得した在外正貨（金）が約二〇億円（現在の八兆円ほど）あった。それを使い尽くす前に、日本の再生を図り、戦後に予想される苛烈な競争に、立ち向かっていこうというのである。

原は首相在任三年ほどで暗殺される。その目標に向けての歩みは、進み始めたところであった。原らの努力で藩閥官僚勢力が衰退すると、政党は利権を漁《あさ》る集団に堕落しがちになった。

しかし、そのヴィジョンは原の死後も生き続け、日中戦争やアジア・太平洋戦争などで大幅な停滞から後退を強いられるが、戦時下の日本経済をも支え、一九六〇年頃まで四〇年間近く日本を支えたといえる。原は明治維新とは異なった形で、日本の行き詰まりを打開する計画を立て、実行に移し始めた人物といえる。

ところが、原の構想した鉄道網は、一九六〇年代の高度成長期には、自動車の普及と道路の整備などのモータリゼーション、都市部への人口移動による農村部人口の減少などで、国鉄（現・JR各社）のローカル線が赤字に転落していった。それでも、自民党政権は、選挙民への公約の手前、いくつかのローカル予定線を地域振興の名のもとに建設し続けていく。それに対して、ジャーナリズムからの批判が起こってくる。このような中で、一九二〇年代初頭に原が日本の鉄道網を整備する（ローカル線）建設計画を大々的に立てたことまでも、批判されるようになった。

明治維新を受け継いだ男

私はすでに、『原敬―外交と政治の理想』上・下巻（講談社選書メチエ、二〇一四年）を書いている。* 新たに本書を書くにあたっては、宮内公文書館で公開された新しい史料等や、別著上梓以降に熟成した私の原敬観を踏まえて、次の四点を明確に論じることに努めた。

＊これまで書かれてきた原敬についての著作や原の評価の変遷については、本書で改めて言及しない。伊藤之雄『原敬―外交と政治の理想』上巻二一～二八頁を参照のこと。

第一点は、原が、木戸《きど》孝允《たかよし》・大久保《おおくぼ》利通《としみち》・岩倉具視《いわくらともみ》・伊藤博文《いとうひろぶみ》や、三〇代になると政治権力を有するようになった明治天皇らが、協力して達成した明治維新と近代国家形成を受け継ぎ、その究極の目的を実現すべく尽力したことである。

維新の遠い目標とは、一八七一年（明治四）から七三年までの岩倉使節団で、木戸・大久保・岩倉・伊藤らが米欧社会をじっくりと体験・観察して固まる。それは、一八七三年一一月に大久保が「立憲政体に関する意見書」で論じているように、日本と類似した島国ながら強国になったイギリスのような、国王と国民が「共治」し、国民の「才力」を束縛せず、権利を抑制しない近代国家を創ることである。詳細は省くが、大久保らは日本にいきなりイギリスのような制度を導入しても、運営ができず混乱して国が衰亡するので、近代国家を担う成熟した国民を漸進的に育てていくことが、何より大切と考えた。本当の近代産業の育成と経済成長、近代的な外交と軍隊の形成による日本の安全保障の確立などは、政治体制・法・教育制度の整備と合わせ、近代国民作りと相互に関連させながら進めていくべき、というのが根本路線である。大久保らから見ると、民権運動などを行う者も目標は同じであるが、立憲政治を生んだ西欧文明や国家形成の本質をとらえないで、性急に形だけを真似ようとしていると映った。

　木戸・大久保らを受け継ぎ、一八八〇年代以降、近代国家形成の中心となったのは伊藤博文であり、伊藤の方向を支持して協力したという意味で明治天皇でもあった。明治天皇は維新の時は少年で政治権力はなかったが、三〇代になる一八八〇年代から、抑制的にではあるが、権力を行使するようになっていった。二人が中心となり、一八八九年に大日本帝国憲法を公布した。憲法は君主権が強いドイツ風にも解釈できるが、天皇大権は憲法の下に議会や行政府・裁判所に拘束されており、国民が成熟すればイギリス風の立憲国家を形成できる条文の構成であった。一八九〇年に帝国議会を開設し、混乱を繰り返しながらも、日本は立憲国家として出発していった（伊藤之雄『明治天皇』、同『伊藤博文』、瀧井一博『伊藤博文』）。

　原は維新の戦争において「朝敵」藩となった南部（盛岡）藩出身で、維新のリーダーとは一線を画していた。しかし、フランス語を通した勉学と自らの体験にもとづく洞察力により、新聞記者をしていた一八八〇年頃には、理性的には藩閥政府への恨みを克服し、伊藤ら藩閥改革派の政策を支持するようになった。その後、外交官などを経て、一九〇〇年には伊藤がイギリス風の政党政治を展開させる契機とすべく創設した政党、立憲政友会に入党する。この政党は、従来の政党が政府批判を主眼としていたのに対し、初めての本格的な政権担当能力をもった政党として成長していく。

政党の理想は、党のリーダーが時代に適合したヴィジョンを持ち、それを補うべく、成熟した国民の意見を国政に反映させることである。また一方で、時代の変遷に応じ、新状況を理解できる国民を育成していくことでもある。この三つのバランスが絶妙に取れていることが重要である、と原は考えた。こうして原は、伊藤が政友会総裁を三年も経たないうちに引退せざるを得なくなった後、実質的な党のリーダーとして、また後には総裁、さらに首相となって、政友会と日本の政党政治を発展させ、理想に近づけようとした。原は、維新の目標の完成を目指したのである。

最も早くアメリカの台頭を予測できた理由

本書の新しい論点の第二は、原が第一次世界大戦中から大戦終了後に形成される新しい国際秩序をほぼ正しく予測し、それに適応する構想を展開させ、すでに簡単に述べたように、原内閣で本格的に実施し始めることである。原は大戦の数年前、一九〇八年から一九〇九年までの約半年間のアメリカから欧州への視察旅行で、イギリスに代わってアメリカが台頭し、世界をリードすることを予測していた。日本の有力政治家・経済人で最も早いといえる。それゆえ、第一次世界大戦後にアメリカが主導して作ったヴェルサイユ体制への対応策も的確であった。この体制は、いうまでもなく、列強の植民地の現状維持を前提とし、新たな植民地や武力を背景とした利権獲得を認めず、少しずつ民族自決、すなわち植民地の自治から独立へ向けて移行させていくことを目指すものである。

　原のヴィジョンと行動にもかかわらず、近年までアメリカ史やその影響を受けた日本近代史などで、原首相や同内閣はアメリカの唱道する新秩序を十分に理解できないので、アメリカとの間に緊張が走ったとの解釈が一般的であった。また最近においても、シベリア出兵研究の立場から、原はシベリア出兵に反対で、出兵後は占領地域の縮小に尽力するが、新たな利権獲得に執着して撤兵を遅らせた、と主張されている。しかし、原がそういう行動をとったのは、陸軍など日本国内に根強く残っている旧来の帝国主義体制を支持する勢力を抑え込みながら新体制に適合させていかなくてはならなかったからである。基本史料の『原敬日記』を注意深く読んでいればわかることである（第八章で詳述）。

　ところで、維新のリーダーの一人で、原内閣期まで活動していた大隈重信《おおくましげのぶ》は、大戦後にアメリカが世界を主導するようになったことを十分に理解できず、アメリカとイギリスがリードしているととらえ、またヴェルサイユ体制へ疑念も感じ、欧米文明は動揺していると見た（伊藤之雄『大隈重信』下巻）。伊藤博文は大戦が始まる約五年前に暗殺されていたが、たとえ大戦終了まで生きていたとしても、アメリカが中心の世界になったことを、大隈同様にすぐには理解できなかっただろう（一九〇九年一〇月に暗殺されるまで、原のようにアメリカの台頭に気づいた形跡がない）。

すなわち、大隈や伊藤は、維新期から明治期のすぐれたリーダーであったが、第一次世界大戦前後になると、国際環境の変化について行き難くなりつつあったのである。二人は維新時に二〇代後半の青年であり、イギリスの圧倒的な国力を身に染みて感じた世代である。原は鳥羽・伏見の戦いの時には一一歳で、列強の圧力を体感するには遠い盛岡におり、イギリス人公使らとつきあうこともなかったので、その後にイギリスを相対化できたのである。また、薩長出身でない原は、明治中期まで圧倒的な力を誇った薩長勢力が没落していくのを眺め、「朝敵藩」出身で政党を背景とする自分の権力が強まってくるのを感じてきた。イギリスの没落とアメリカの台頭を理解しやすい境遇にあったといえる。

「公利」「公益」「公事」概念の発展

本書の特色の第三の論点は、原が「公利」という現代の公共性につながる考えを、青年期に学んだことを踏まえ、原が生涯にわたって国家と国民のあるべき関係をどうとらえていたか、という原の思想を系統的に考えることである。

国家と国民の関係は、幕末期に列強の侵略を恐れて以来、日本人にとって常に課題になってきた。日本が植民地になり列強に翻弄されないためには、国民は国家の下に一丸とならなければならない、という考えが普遍的になった。自由民権運動のような藩閥政府批判運動も、国家の過度な介入を嫌う運動というより、藩閥専制国家では近代化と安全保障ができない、我々も政治に参加させてくれ、という運動であった。しかし、一八七〇年代後半になると、経済活動を中心に、国家があまり介入せず、減税をして国民の創意工夫に任せるべきとの考えも強まっていく。また、日露戦争後、経済以外の分野においても、国家が個人にどこまで介入すべきなのか、あるいはなるべく介入すべきでないのかとの考えが、青年層を中心に広がり始める。

原は中江兆民《なかえちょうみん》の影響で、一八七〇年代末に国家を相対化する「公利」「公益」という概念を知る。しかし、帝国主義の時代は続き、列強に伍して生き残るべく、日本は日清戦争・日露戦争という二つの大きな戦争を体験し、国民は国家があってこそ生存できる、といった国家中心の考えを、基本的に受け入れざるを得なかった。しかし、日露戦争前においても、「公利」と類似した国家の「公事」の中に地域の実業振興なども含めてとらえていた。こうして、日露戦争後に、原は国家と国民（国家と「公利」・「公事」）の関係について、国家から国民をある程度自立させてとらえるようになり、その考えで政友会をリードしていくようになる。

なお、原と公共性の関係で重要なことは、原が膨大な政府資金を鉄道・道路・港湾建設の形でばら撒いて、地方の建設業者らに利益を与え、それを政治献金や得票という形で政友会に吸収するという、いわゆる利益誘導政治を目指したのではないことである。

原は、民間の創意・工夫と活力を活かすため鉄道は民営であるべき、と考えた大隈重信のような「小さな政府」論者ではなかった。しかし、採算が取れるかどうかわからない場所にも、選挙を意識して鉄道・道路を建設すべきという、アジア・太平洋戦争後、とりわけ一九六〇年代以降に蔓延した「大きな政府」論者とは、全く異なっていた。

政治頼みの利権に群がる政治文化は、主として、戦時中の軍需による経済を経て、戦後の政党政治の展開の中で形成されていったものである。原は何よりも、鉄道を建設・改良することに対する採算（投資効果）を重視した。それは、遅れた地域を単に切り捨てるのではなく、新しい鉄道や道路・港湾建設をきっかけに、地域の人々が創意・工夫して産業を振興し、一定の期間のうちに投資効果を上げることを求めることである。大隈らと比べると、政府資金の投入を重視する点では「大きな政府」論者といえるが、その後の地域の人々の自助努力を重んじる点では、大隈らの「小さな政府」論者と変わりがない。原も大隈らと同様に、人々の自立心を削《そ》ぐような事業は行うべきでない、と考えていたのである。

原は少年の頃から、南部藩の没落と実家の経済的窮迫に直面し、安易に他人のせいにしないで自らを奮い立たせて成長してきた。その感覚が、大阪毎日新聞社や古河鉱業の経営を取り仕切ることでさらに普遍的なものとなり、民間の活動を支える地域の人々の意志を、最終的な政策の成功のカギととらえるようになったのであろう。原の観点からすれば、鉄道・道路・港湾建設などの土木事業は、文字通り公共性を高める公共事業である。

また、原が現代でいう公共性を重視したのは、真面目に生きている普通の人々にとって、より良い社会となることを願ったからである。本書で述べるように、この原の姿勢は、とりわけ盛岡の人々の心に沁みわたった。原が一九〇二年に初めて総選挙に立候補した際に選挙権のない人々までが原を応援する活動に加わったことや、一九二一年に暗殺された後に「盛岡市民葬」と言われるまでに多数の地元の人々が集まってその死を悼んだこと等に、とてもよく表れている。

大きな影響を受けた人々

第四の論点は、原の成長過程で、原の思想や行動に大きな影響を及ぼした人との関わりと、その特色を、さらに明晰に示すことである。その主な人物は、母リツ、中江兆民、陸奥《むつ》宗光《むねみつ》、少し異なった形での伊藤博文である。本書から、これらの人々から学んだことを、原はそのまま自分の行動に反映させるのでなく、原の中で熟成させ、時代状況に対応して発展させて、適用することがわかるであろう。

原は維新を受け継いで、さらに日本を新しい国際環境に適合させるため、維新とは異なった形で大改革を行った。原について考えることは、将来や身近に迫った危機を的確に予測し、国家体制の基本を維持しながら、新しい状況に対応する決断と実行ができるリーダーの資質を考える素材になると思われる。

以下、原という人間がどのような体験と思索を経て、ヴィジョンを持って大改革を担えるリーダーとして成長したのかを、まず少年時代から順を追って見つめ直してみよう。

第一章

「朝敵少年」の維新

母・友・師の人生観

一六歳のころの原敬

「家老格」の子

原敬は安政三年（一八五六）二月九日に、南部藩御側用人《おそばようにん》原直治《なおじ》とリツの次男として本宮《もとみや》村（現在は盛岡市本宮）に生まれた。アメリカのペリーが開国を求めて浦賀に来航してから三年近く経っていた。原の生まれた時代には、子どもにはまず幼名をつけ、数えの一五、六歳で成人となる元服《げんぷく》を行うと、本名と通称をつける慣例があり、原は幼名として健次郎の名を与えられた。上には姉の琴《こと》と磯《いそ》、四歳年上の兄の恭《ゆたか》（後に岩手県郡長）がいた。

南部藩は、新田開発の結果、原が生まれた維新直前の頃には三二万石の有力藩であった。同藩では藩士を九つの階級に分けていた。最上級が、藩主と特別の関係を持つ高地《たかち》（高知とも。家老になれる家柄）である。原家はそれに次ぐ第二の階級の高地格（高家）であった。祖父の直記《なおき》は、家老たちと連署する家老加判《かはん》として、実質的に家老の役割を果たし、藩政に重きをなしたという。

原家の家禄は、同家が開墾した新田九二石余を含め、維新直前において約二二七石であった。新田の場合は原家の取り分が多くなるので、実質的には三〇〇石の家禄に相当する収入があった。母リツの実家も、宝蔵院《ほうぞういん》流槍術《そうじゅつ》師範で、家禄約三〇〇石の上級武士であったという（菊池悟郎『南部史要』、前田蓮山『原敬伝』上巻）。

祖父の直記は原が数え年三歳の時に家督を直治に譲り、一年後に亡くなった。ところが、父直治は原が数え年七歳の時に病気で隠居、恭がわずか一一歳で家督を継ぐ。この頃から、原家は実質的にリツが差配したといえよう。その後、原が九歳、リツが四一歳の時に、父は数え年五一歳で世を去った。原の下に三人の弟がいたが、四歳下の誠《まこと》以外は早逝した（木村幸治『本懐・宰相原敬』）。

原敬の生家の一部。原敬記念館の一角に保存されている。写真提供・原敬記念館

母の影響と価値観

原は五歳になる文久元年（一八六一）二月頃から約六年間、近所の太田《おおた》代清長《しろきよなが》の塾（寺子屋）に通う。塾生は三〇〇人ほどいたが、武士の子弟は五パーセントほどで、その他は農民の子弟であった。太田代塾では、午前中は手紙などの文章を書く「手習い」、午後は読書を教えた。手習いの教科書は「千字《せんじ》文《もん》」や「消息往来《しょうそくおうらい》」で、読書は武士の子弟には「四書」「五経」の素読を、農家の子弟には「農業訓」「商売往来」などを、数人しか

いない女子には「女大学《おんなだいがく》」や「庭訓往来《ていきんおうらい》」などを教えた。

原は一一歳ごろになると、一〇歳以下の生徒が多い太田代塾をやめ、恭とともに脇差を差し、仙北組町《せんぼくくみちょう》（現・盛岡市）の寺田直助塾に通うようになった。直助は南部藩の前祐筆《ゆうひつ》で達筆であり人格識見も高かった。また、当時としては老人といってもよい五〇歳前後の年齢になっていて、塾生をとてもかわいがった。この塾で、原は毎日午後一時頃まで四時間ほど学び、穏やかで素直な賢い生徒として、直助から高い評価を受けていた。藩校「作人《さくじん》館《かん》」に入る前の原は、人に対し強く自己主張する少年ではなかったのだ。ここの塾生も多くは農民の子弟であり、武士の子どもたちは威張り散らして農民の子をいじめたが、原は誰に対してもやさしかったという。また寺田塾と時期が重なる形で同じ町の工藤祐方に、約二年間算術を学んだ。

これら二つの塾と並行して、九歳になる頃から「作人館」に入るまでの六年間ほど、儒学者の小《お》山田《やまだ》佐《さ》七郎《しちろう》の下で中国古典の素読を習った。小山田も、原の非凡さを見抜いて愛したという。後年、原は小山田について、性格は温厚で節操堅実、清貧に甘んじ懇切丁寧に指導してくれた、と回想している。

以上からわかることは、学ぶ内容が難しくなるほど原の才能が際立ってくることの他に、武士の子としての権威を振りかざすことをしなかったことである。これから本書で見ていくように、原は特定の地位にあることや爵位などの肩書、金持ちであることなどに強い価値をおかず、何ができる人物か、何をなした人物かを重視する。同時に、あらゆる出自の人々に、努力して成長する可能性を見出した。このような価値観の端緒が少年期のエピソードにも見られることは、興味深い。

リツは子どもたちに愛情を注ぎながら、厳しく細心の配慮をしながら育てた。女の手で育てられたからろくでもない者になったと世間から笑われるようなことがあっては、ご先祖様に申し訳ないと思ったからである。原は、母を悲しませることがないよう常に努力し、不正にも関わらないように努めたという。加えて、より高度な中国古典を学ばせるため、原を小山田塾にも入れるなど、母リツが子どもの教育にかなり熱心であったことも注目すべきである。続く藩校「作人館」時代も含めて、この母が少年期の原にどのような価値観・道徳観を教えたか、エピソードを通して見ておきたい。

まず、本書の冒頭にも述べたように、身だしなみにやかましいリツの影響で、原は少年時代からお洒落で、いつも白足袋《しろたび》をはいていたので、同年代の子からは「原のオヂッコの白足袋《しらたび》」とからかわれていた。「作人館」への通学にも、いつも折り目正しい仙台平《せんだいひら》の袴《はかま》を着け、原家の定紋《じょうもん》を浮かした黒羽二重《くろはぶたえ》の羽織を着ていたという。原のお洒落はのちに洋装するようになっても続く。身だしなみは人柄にまで影響するというリツの価値観を受け継いだのだろう。

南部藩は、維新政府と旧徳川幕府勢力が戦った戊辰戦争《ぼしんせんそう》で、新政府に対抗するため、会津藩など東北諸藩による奥羽《おうう》越列藩同盟《えつれっぱんどうめい》に加わった。しかし、新政府側と戦い敗れたことで、リツは大きな決断をしなくてはならなくなった。南部藩は新政府に謝罪し、最終的に七〇万両の献金が求められ（しかも表高二〇万石が一三万石に削減）、この負担が藩士にも求められたからである。

原家には、土蔵が三つあり、米・豆などの食糧、客用の膳《ぜん》・椀《わん》などの道具類、歴代藩主からの拝領品はじめ原家代々の刀剣・甲冑《かっちゅう》および衣服などの高級品を収蔵していた。これらの品々を、リツは売り払って藩に献納した。また家政を縮小するため、家は五分の一を残して壊し、使用人も削減した。藩士の中には、今後の生活を考え一部財産を隠す者もいたが、原家はそうしなかった。

原の弟の誠の回想では、原と長兄の恭は、正直と精勤は立身出世のもとである、と常に言っていたという。これから原の一生を見ていくとわかるように、このリツの行動が、原の生涯の道徳規範の原型となったと思われる。

また、誠は新調した草履《ぞうり》を「作人館」で盗まれたことがあった。仇《あだ》を討つため毎日「作人館」の玄関で見張る、と言うと、母と原は草履くらいで毎日仇討ちに出かけるというような小さい心がけでは立身出世はできない、と戒めた（原誠「原敬追想」『新岩手人』八－八、九－五）。

原は一〇代半ばまでに、旧体制の崩壊とともに幕末・維新期に生じた立身出世という価値観に加えて、私の利益を求めず正直かつ勤勉で大局を見て行動するという価値観を、母リツと共有するようになっていた。これは、原の勉学がさらに積み重なっていくと、専制的な国家や私利を相対化する、現代でいう公共性という概念につながっていく。

藩校「作人館」での学業と交友

藩校「作人館」は南部藩を巻き込んだ戊辰戦争のため、慶応四年（九月に改元して明治元年、一八六八）七月から翌明治二年末まで、一年半ほど実質的に休校状態になっていた。同校が明治三年一月に本格的に再開したので、原は一三歳で入校した。当初は自宅から片道五キロを歩いて、盛岡城下中心部（現在の北日本銀行本店付近）にあった「作人館」に通った。旅も歩くのが普通だった時代の少年にとって、往復一〇キロの道のりはそれほど苦痛ではなかったと思われるが、入校半年後の七月に寮生となる。これは、先輩や同輩との共同生活をすることで学業と交友を深めたかったからだろう。

寮生となって最も意気投合したのが、原より四歳年長の阿《あ》部《べ》浩《ひろし》（後に東京府知事）であった。阿部は原の住む六ノ寮の寮長でもあった。寮の部屋は六畳を六人が使用する狭さであった。二人は腕白で、遠慮なく論戦した。原が、俺は将来東北を正しく導く、と言い、阿部は、俺は南の国だ、などと言っていたという。

原が「作人館」で学んだのは、中国古典の「十八史略」「史記」「漢書」「資治通鑑《しじつがん》」「四書」「五経」、和書では「国史略」「大日本史」「日本政記」「日本外史」「令義解《りょうのぎげ》」などである。歴史を素材に統治や人間の生き方を考えるものが多く、原は漢文の読解能力を磨くのみならず、時代の大きな流れの中で諸事は変化していくことを学んだはずである。

後述するように、中国古典を真剣に学んだことは、原の飛躍のきっかけとなった司法省法学校の入学試験で役に立つ。歴史の中で考える姿勢は、原の人生観そのものとなり、立憲政友会のリーダーとして、さらに首相として日本の大改革を考える際にも、考え方の基本となる。

原が小山田佐七郎の下で六年間も中国古典の素読に励んだことも幸いし、「作人館」での原の成績はよく、「神童」と呼ばれて教員も原の秀才ぶりを早くから認めていた。入学した年の一〇月に、原は一四歳で藩費生となる。規則では数え年一七歳以上でなければ藩費生にはなれなかったのに、原はこの時数えで一五歳にすぎず、破格の待遇だった（原敬「浮沈録」『原敬関係文書』第四巻）。

リツは原が藩費生になったことを非常に喜んで、原が帰宅した休日の昼食に「作人館」の友達数人を招くことになった。幼少からの世話役だった女中の駒婆《こまばあ》の作った「トロロ飯」を、彼らはこれでもかというほどお腹いっぱい食べ、腹ごなしに池の周りを歩き回って漢詩を高吟して笑い転げ、夕方には元気よく歩いて帰って行った。休日に阿部浩ら「作人館」の友人が原家に集まるのはよくあることだった。

翌明治四年（一八七一）春には、原は学生ながら、「四書」の素読を終えた程度の初級の生徒に素読を教える句《く》読師《とうし》心得《こころえ》となった。七月には一五歳（数えで一六歳）で元服し、幼名の健次郎を改め、敬《たかし》と名乗った。

その頃、廃藩置県後の盛岡県に大きな変化が起きる。同年七月二〇日に渡辺《わたなべ》昇《のぼる》（大村藩〔後の長崎県〕出身）が権知事《ごんのちじ》（知事代理）に就任して以来、県庁のトップは旧南部藩士以外の者が占めるようになった。「作人館」の後身である盛岡県洋学校の漢学教員の多くは辞任し、それに憤慨して退学する生徒も出た。

原も今後の進路を考えねばならない。決断を促したのが、旧藩主南部利恭《としゆき》が同年八月に東京に移住し、共慣義塾《きょうかんぎじゅく》という英語学校を設立したことだろう。弟の誠の回想によると、リツも「横文字の学問」をすることを原に勧めていた。江戸時代の上級武士の家庭に育ち、武家の妻として母として生きてきたリツが、維新の大変動を体験したとはいえ、次男に西洋の学問を勧める大局観を持ったのは驚くべきことである。その後、高級官僚や大臣に出世しても、原が生涯にわたって母を敬愛したのは、このような母の見識の高さを踏まえてのものであろう。

原が英語を学びに東京に出るにあたって、問題は費用であった。蔵の中には売るべきものは残っていなかった。南部藩に献納するために売り払ってしまったからである。そこでリツは、蔵を仙北町の酒造業者に売って、原の東京での学資を工面したのである。その蔵は移築されて、酒蔵として使われたという。

絶望の中に未来を見る

明治四年（一八七一）一二月一〇日、一五歳の原は「作人館」の友人と二人で東京へ旅立った。ところが途中の仙台で、南部藩出身の政府のかなりの高官と名乗る者に、しばらくの借金を申し込まれて、リツがこしらえた学資をだまし取られてしまう。その中には、すでに東京に出ていた兄恭の学資と、兄がいったん盛岡に帰郷するための旅費も含まれていた。結局、その旧南部藩士や盛岡の身内にも金がなく、金は戻ってくることはなかった。中国や日本の古典に学び、リツから人生の規範や大局観を教わった原であるが、実社会の厳しい経験がないので、後年の原からは考えられない甘い行動をしてしまったのだ。

原は学資金をだまし取られたが、事情を知った船長の好意で、仙台から東京まで予定通り送ってもらうことができた。原家は、さらに田畑の一部を売り払い、兄の帰郷費用を捻出し、原にもわずかな資金を分け与えた。原は翌明治五年に共慣義塾に入り、その後別の塾に移るが、いずれも学費が続かず、やめた。

窮した原は、同年秋、海軍将校を養成する官費で学べる海軍兵学寮（後の海軍兵学校）を受験したが、合格できなかった。そこで同年冬に東京のフランス人神父の学僕となり、住み込みで下働きをしながら違った形で勉強を続けようとした。この頃、維新後の改革により、旧暦が西欧と同じ太陽暦に変えられ、明治五年一二月三日が太陽暦の一八七三年（明治六）一月一日となる。これ以降は、西暦を中心に表記していく。

一八七三年（明治六）四月に原は、横浜で一六人の日本人とともにフランス人のカトリック神父フェリクス・エヴラールによって、洗礼を受ける（洗礼名はダビデ・ハラ）。このエヴラールの学僕にもなった。エヴラールは信仰心に篤く、きわめて質素な生活を送り、自己を厳しく律する人物であった。原はエヴラールに中国古典を教えるのをもっぱらの仕事とし、エヴラールは原にキリスト教とフランス語を教えた。エヴラールと原の関係は、雇い主と学僕というより、良い師弟関係のような心の通い合うものであった。

二人の関係を見ると、原はフランス語やキリスト教などの西洋文化を学ぶために偽装的に入信したのではないことがわかる。エヴラールの人格に魅力を感じ、キリスト教自体にも関心を持ったのであろう。

一八七四年四月、原は新潟の分教場で布教することになったエヴラールに従って新潟へ行き、夏に一度盛岡に帰省したのを除くと、翌年四月までそこに滞在した。

原がエヴラールの下にいる間、一八七三年一〇月には征韓論政変が起こり、西郷隆盛《さいごうたかもり》（薩摩）・板垣退助《いたがきたいすけ》（土佐）・後藤象二郎《ごとうしょうじろう》（土佐）・江藤新平《えとうしんぺい》（佐賀）らの政府有力者が下野し、政府には大隈重信（佐賀）がいたものの、大久保利通（薩摩）・木戸孝允（長州）・伊藤博文（長州）ら薩長色が強くなった。しかし、原にはそれどころではなかったのであろう。政変に特に注目した形跡はない。

新潟へ行った翌年、一八七五年がエヴラールとの最後の年になる。この年に原は国防や国家のあり方、教育に関して、様々な文章を書くようになったようで、七点が現在まで残っている（『原敬関係文書』第四巻）。

その中で、原は第一に、ロシアの南下策にともなう日本への侵略を警戒した。

第二に、清《しん》国は国土も広く人口も多く産物も豊かであるのに、列強からしばしば辱《はずかし》めを受けている現状について、君主専制で君主が賢くなくて統治ができず、愛国者がいないからである、と主張した。また原は、開明の国が清国の隣にある、と論じている。二〇代の若い天皇を擁して薩長などが藩閥専制の政治運営をしている日本を、開明の国と呼んで、維新後の改革を評価しているのである。

南部藩が新政府に敗北してから六年余り、一九歳になる前の原が薩長への怨念を、理性の面では克服しつつあるのが注目される。後ろ向きの感情を抑えて勇気を持って先へ進むことを選択する母リツの生き方と、エヴラール神父の人格と彼から学んだキリスト教が、原の考え方を合理的に導いたと思われる。

第三に原は、天下の人材を養うには、まず父母が子孫に及ぼす教育が大切であり、そこをおろそかにするとどれほど可能性のある人材でも育たない、と論じている。その例として、孔子・孟子の他に、アメリカ合衆国独立の父ジョージ・ワシントン、フランス革命後の混乱を鎮めて皇帝になったナポレオン・ボナパルトといった欧米の英雄を挙げた。このように、原はエヴラールの下で西欧の歴史にも視野を広げた。また父母の教育の大事さを強調するところには、母をモデルとして普遍化した考えが表れている。

これらの文章を書きながら、原自身はエヴラールに学ぶこともそろそろ終わりに近づいたと感じたようである。一八七五年四月、就学のことを相談し、分家するため盛岡へ帰省する、と原はエヴラールに告げる。エヴラールも病気療養を兼ねた東北漫遊をすることになり、二人は一緒に盛岡まで旅をし、五月下旬に到着した数日後、そこで別れる。二人の関係は最後まで良好であったが、原には神父になる気持ちはなかった。

原は兄恭に相談し、六月二七日に分家し、「商」と登記して平民となった。すでに見たように、少年時代にも士族意識から農民を軽んじるようなことはなかった原である。エヴラールの下にいた時に書いた評論にも、武士の役割を強調するものはなく、広く国民に愛国心を求めた。数年後に原が新聞記者として書いた文章では、封建時代の武士は国民の上流に安座して暮らして「専横」の行動をした、と武士階級を厳しく批判している。これらから、原が「商」として平民を選んだのは、自分の中の士族意識と決別した行動といえる。

これまでは、原が分家して平民になったのは没落して家名を汚すことになってはいけないと思ったからだ、と根拠を示さずに解釈されていた。しかし、史料に即して原の気持ちを十分にとらえているとはいえないだろう。

いずれにしても、分家した結果、兄恭の好意で当分の学資を得ることができた。この段階になると、母に代わって兄が原家を差配するようになっていた。

原は、同年一〇月一八日に東京の箕作《みつくり》秋坪《しゅうへい》の塾（英・仏学を教授）に入り、官費で学べる学校を受験する準備を始めた。原は外交や国防という日本の安全保障に強い関心を持っていた。そこで、翌一八七六年に外務省交際官（外交官）を養成する生徒採用の試験や、海軍兵学校（四年前に不合格になった海軍兵学寮の後身）の試験を受けたが、いずれも不合格だったという。

なお、注目すべきは、原が帰省して分家するまでの日記は残っているが、分家することや外交官もしくは海軍将校を目指すことについて、母リツや兄恭、もしくは友人たちに実質的に相談した形跡がないことである。一九歳になるまでに、重要な選択について、原は自ら決断できる自立心と精神的な強さを身につけていたのである。史料は残っていないが、一七歳で洗礼を受けた時も同様であった可能性が強い。

司法省法学校中退の決断

原は一八七六年（明治九）に二つの官費の学校の試験に不合格となるが、同年七月、司法省法学校の筆記試験に合格を果たす。この学校も官費であり、フランス語でフランス法を教えて、法の根幹を学ばせ、司法官を養成する学校であった。当時、憲法・刑法・民法はじめ、近代法としての日本法はまだ制定されていなかったからである。志願者は約二〇〇〇人、最終合格者は一〇四人（うち四人は華族で自費）であった。この難関を、原は二番という好成績で突破した。

それは試験問題が原の得意の漢文だけだったからである。これからフランス語で法律を

司法省法学校に入学した頃の原敬

教える学校の入試が漢文だけというのは、奇妙なことではない。それは、当時の日本人の若者が一般的に学んでいたものを通して、志願者の言語能力・論理的思考能力を試し、フランス語やフランス法への適性を知るための合理的な試験といえよう。

司法省法学校の前身明法寮《みょうぼうりょう》は四年制の学校で、第一回卒業生を送り出したばかりだった。原たちが受けたのは二回目の募集で、司法省法学校と改称され、予科四年、本科四年の八年制に充実された。フランスの書物によって、予科では法学通論・歴史・地理・物理・経済学・数学・作文・フランス語会話を教え、本科ではフランス法を教えるという規定になっていた。

原にとって、予想外だったと思われるのは、官命でなければ決して退校を願わないこと、卒業の上は一五年間奉職し、その時の指令に待つべき、と入学の際に提出した保証証書（誓約書）で約束させられたことであった。入学時に原は二〇歳であった。二八歳で卒業した後、四三歳までの一五年間、判事（裁判官）・検事などの司法官を務め続ければならない。成績さえ良ければ、裁判所長など司法官として出世できるとしても、「人生五十年」と言われた時代に一生のほとんどを司法官にささげることになる。外交や国防方面に進みたい原にとって、それは望む人生ではない。

一八七六年九月から始まった司法省法学校の授業はとても厳しく、一週間ごとに小試験があり、翌年一月末から二月初めにかけて前期の大試験があった。そして小試験と大試験の点数が合計されて、全体の順位がつけられた。原は第一年の前期に一〇一名中一〇位の好成績だった。持ち前の知的能力と、エヴラールに仕込まれたフランス語が役立ったのだろう。

司法省法学校の学業に熱心に取り組む一方で、原は初年度からその生活に不満も抱く。ロシアに対する防衛や、西郷隆盛ら薩摩士族が立ち上がった西南戦争の行方など、外交や政治に強い関心を持っていたのに、学業に追われてじっくりと調べたり考えたりする暇がないからである。

原の成績は、第一年の後期も優秀で、上位一〇パーセント以内で終えた。第二年の成績は残っていないが、第三年の前期になると、六五名中四〇番（上位六二パーセント）に落ちてしまった（「原敬記念館所蔵資料」三二九号）。学生の総数も約三分の二に減っているのは、成績や素行不良などで相当数が退学を命じられたからである。

原たちは厳しい勉強の傍ら、若者らしい行動で発散もしながら、盛岡藩校「作人館」時代と同様に友情を深めた。たとえば、原たちは試験の点数によって金を出し合って焼き芋を買い食いしたり、「放廃社」というグループを作って、善を勧め悪に走らないよう互いに励まし合ったりした。人材は点数のみで決まらず、素行が大切とも論じあった。入試に原に次ぐ三番で合格した秀才の友人の一人は、原のことを、人望と才能・知識のいずれの面でも優れており、いずれ必ず渡欧する機会を得るだろう、と漢詩で評した（山本四郎『評伝　原敬』上巻）。

原が法学校でやる気をなくし、三年目の前期に非常に成績を落とした頃、「賄《まかない》征伐《せいばつ》」事件が起きた。「賄征伐」とは、明治期の学校の寄宿舎などでよく起きた事件である。賄料（食費）の割に食事の質が悪いなどの理由で、寄宿生が相談して、お代わり自由の飯を無理して全部食べた上で、さらに飯を要求し、飯が出てこないと食器などを壊して騒ぐという騒動である。法学校の「賄征伐」は、薩摩出身の校長とつながった同郷の賄業者が、食事の質を落としたことが発端であるという。

原は「賄征伐」の首謀者ではなかったが、学生たちの選挙で三人の委員の一人に選ばれた。三人は大木《おおき》喬任《たかとう》司法卿（佐賀出身、参議兼任）に面会し、事情を説明し寛容な処置を求めた。この結果、大木は首謀者たちを原らの要望通り穏便に処置するよう訓示を出したという。しかし、面目をつぶされた校長は、前期大試験後に原ら一六名に突然退校を命じた、と従来は特に根拠なく論じられてきた。

しかし、この話は原の成績低下の事実をとらえておらず、薩摩出身の校長が横暴であり、原はその犠牲者である、というストーリーを強調しすぎている。原の直筆の書き込みのある「及第生徒名簿」では、一八七九年二月に退校したのは原と中田実《みのる》（後の陸羯南《くがかつなん》、著名なジャーナリスト、青森県出身）の二人だけである（『原敬関係文書』第四巻）。すでに見たように原は六五名中四〇番であり、中田も五三番と成績は良くない。原とともに大木司法卿に面会した三人の生徒の一人河村譲三郎《かわむらじょうざぶろう》は、当時の成績が一番、同校卒業後、司法省民刑局長や次官を歴任し、一九一二年には勅選の貴族院議員になるなど、司法界で栄達を遂げた。

原や中田は、「賄征伐」に参加した上、成績が良くなかったからか、あるいは反省文を提出しないなどの態度の問題で、退校を命じられたのであろう。*

官費の司法省法学校を退学になると、他の官費の学校に入り直すことは不可能である。いずれにしても、「賄征伐」という突発事件がきっかけではあるが、原は自分にふさわしい道を歩むため、覚悟の退校をしたのである。

＊そもそも大木司法卿は現在の閣僚である参議を兼任しており、同郷の実力者大隈重信参議兼大蔵卿の権力を背景に、司法省を掌握していた。薩摩の実力者大久保利通が暗殺された後には、長州の伊藤博文参議兼内務卿が政府の中心となったが、大隈も伊藤に準じる権力を持っていた（伊藤之雄『大隈重信』上巻）。薩摩出身であっても、校長が、司法省内の人事の実権を持っている大木の訓示に反して厳しい処分をすることなど、あり得ない。

中江兆民に「公利」を学ぶ

原は一八七九年（明治一二）二月六日に司法省法学校を退学になると、二週間後には中江《なかえ》兆民《ちょうみん》の私塾に入り、七月までフランス語とフランス学を学んだ（『原敬関係文書』第四巻）。わずか半年弱の在籍であったが、それ以前にも原は、エヴラール神父および司法省法学校からフランス語とフランス学や欧米事情について学んでおり、兆民塾で学べるものは学び尽くしたということであろう。

兆民はその五年前に二年数ヵ月のフランス留学を終えて帰国し、私塾を開いて、ヴォルテール『ルイ一四世史』、モンテスキュー『ローマ興亡論』、ルソー『民約論〔社会契約論〕』などを教科書にしていた。兆民は現在、自由民権運動左派の思想家として有名であるが、原が入塾した当時は、まだ民権運動に関わっていない。その主張は、以下のように、ようやく形を取り始めた民権運動に冷や水を浴びせる類のものであった（以下、兆民については、米原謙『兆民とその時代』）。

当時の兆民の主張は、第一に、人民に権利さえ与えれば国家が富強になると考えるのは誤りで、民権が発達するには国家にそれなりの条件がなければならない、というものであった。兆民は、議会などの制度の整備のみならず、人民が政治の運用に慣れないといけないと見ていた。兆民は、日本の国会開設には十数年はかかると予想していた。これは、日本で実際に憲法を作って一八九〇年に議会が開かれるという展開とほぼ同じである。

第二に、分別のない欧化策を批判し、儒教の徳治主義に代表される東洋の伝統的な価値観を、近代的なものと結びつけて発展させるべき、というものであった。兆民は明治初期の日本に広く受け入れられたベンサムやミルの功利主義を批判し、ルソーの思想にもとづいて自己利益の追求を否定し「公利」「正義にかなった行為」を追求すべきだと論じた。

原が兆民から何を学んだかを述べる前に、原が七月に兆民塾をやめた後、一八八二年（明治一五）一一月に外務省に入るまでの新聞記者時代の経歴を押さえておこう。この新聞記者時代に、原は兆民の影響を受けたと見られる一貫した傾向の記事を書いているからである。

原は兆民塾をやめた翌月の八月頃より、山梨県の甲府を中心とする新聞『峡中新報《こうちゅうしんぽう》』

に、ペンネームを使って寄稿するようになる。一一月一六日には、東京の有力新聞社である郵便報知《ゆうびんほうち》新聞社に入社した。約二年後、一八八一年一〇月の明治十四年政変で民権派に加担して陰謀をしていると見られた大隈重信が政府を追放されたことにともない、同社は大隈系の矢《や》野《の》文雄《ふみお》（前統計院幹事兼太政官大書記官〔局長〕）が社長となる。その結果、同紙は「急進」主義・「改進」主義一色になったので、原は一八八二年一月七日に出社を止め、退社する。

　次いで、同年四月四日から大阪で『大東日報《だいとうにっぽう》』を発刊することになる藩閥政府系の大東日報社に加わる。原は同紙の主筆《しゅひつ》（編集の責任者の一人）の地位を得た。原は郵便報知新聞社時代、月給は七円（当時の巡査の初任給が六円）から始まって後に一五円を得ていたが、大東日報社では月給八〇円に加えて交際費三〇円（後に五〇円）を支給された。

　この約三年間の新聞記者時代に原が書いた記事から、中江兆民の影響を拾ってみよう。第一に、原は一八八〇年四月に国会期成同盟ができたように、自由民権運動が盛り上がっていっても、早期の国会開設要求を支持しなかった。兆民同様に、国民の側の条件を重視して、漸進論であり、ようやく一八八一年三月に民権運動を支持するようになった。

　原はフランス革命を理想視しなかった。モンテスキュー、ルソーらの思想は革命前にあったが、革命当初には活かすことができず、〔戦争、処刑、暗殺など―伊藤之雄の解釈の注記、以下同様）大きな混乱を経て、騒乱が収まって法の整備が進んだのは数十年後である、と述べる。また、日本で民権運動を行っている人々を、おおむね学識がなく、政治や行政を運用する能力もなく、国会を利用して名利を得ようとしているだけであり、天下の大事は託せない、と厳しく見ていた。

　他方、ロシアは専制の国であるので、皇帝が暗殺されるなど治安が不安定になっているが、イギリスは政党政治が発達し、有力政党が「君子」の争いで物事を決しているので政治が安定している、と見る。その上で、日本も在野の要求を入れて官民が調和しないと、イギリスのレベルに達することができず、かえってとんでもない災いを招くかもしれない、と論じた（『原敬全集』上巻）。民権派の実態に批判的な原が、国会開設支持に転換するのは、これ以上国会開設を抑えるのは危険と見たからである。

　したがって、明治十四年政変の結果、九年後の一八九〇年を期して国会が開くという詔が出されたことを評価した。また、準備ができれば、一八九〇年よりも早く開設させるという解釈もできる、と詔を積極的にとらえた（『峡中新報』一八八一年一〇月一八日、一九日）。原は山梨県の地域紙にペンネームで記事を載せている。これは、在職していた郵便報知新聞社が大隈系が強く、政府の政策を肯定するような記事を書けないからであろう。

　兆民の影響の第二は、原は兆民同様に、日本の現状を考えない軽薄な西欧崇拝を批判的に見る一方、「公利」等の兆民が用いた用語を使用したことである。

原は西欧の受け売りだけでは「精神の奴隷」であり、日本の現状に合わないのみならず、独自の思想を発達させている西欧と対等になることができない、と論じた。

また、一八七九年一二月から一八八一年一一月の新聞記事において、兆民同様に「公利」や「公衆の利源」「公衆の利益」「社会公衆」など「公利」に類似した用語を用いた。兆民や原のいう「公利」の追求とは、現代の用語でいうなら、国家的利益よりも幅広い公共性を求める行動をするということである。しかし、兆民も「公利」を自己利益ではないもの、正義にかなった行為で生み出されるものと抽象的に論じるだけで、近代日本の現実の中で、何が「公利」にかなった行動であるのかを具体的には論じていない。

それにもかかわらず、兆民が原に直接に習った期間は半年にも満たなかったが、兆民が原に与えた影響は極めて大きい。原がそれまでの体験や読書から感じてきたことに対し、兆民がフランスでの体験を踏まえてフランス啓蒙思想という理論的な枠組みを与え、原の思考の幅と深みが飛躍的に増したといえよう。母リツに続いて原に大きな影響を与えたのが、兆民だったといえる。

兆民を乗り越えて考えようとする

興味深いのは、少年から青年に成長するにしたがい、原がリツの教えをそのまま実行するのではなく自分でも考えて行動するようになったように、兆民の教えを信奉してそのまま受け売り的に実施しようとしたのではなかったことだ。

たとえば兆民は、原が兆民塾をやめた後、一八八〇年一二月から民権運動に関わるようになり、一八八一年四月頃から藩閥政府を強く批判する急進的な政治改革を主張するようになるが、原はそのような態度を取ることはなかった。憲法や関連法令を作って、混乱なく総選挙を行い、議会を開くことが大変困難であることや、日本国民の政治的な成熟もなかなか簡単には達成できないことも（この問題については、伊藤之雄『伊藤博文』参照）、欧州体験のある兆民よりも、原の方がはるかにつかんでいたといえよう。

一八七九年に府県会が始まると、原は国民が国会に参加して国家意思を決定する前段階として、各府県会を重視した。それを中心として理性的で合理的な議論が行われ、各府県の意思が形成されることを期待した。まず、彼らの意思と東京の藩閥政府で決められた政府の意思を調和させて国務の方向を決めるべきで、それが国会開設の準備になると見たのである。これは、藩閥政府の実力者で開明派、かつ欧米体験が豊富で英語も得意な伊藤博文らと類似した考えで、兆民にはないものだった。

それでは原は、兆民が具体的に論じていない「公利」という概念を、どのように展開したのであろうか。原は横浜の生糸荷《きいとに》預所《あずかりしょ》と外国商人との間で争いが起こったことについて、荷主たちは「私利」を犠牲にして「公利」のための長い戦いを行うべき、という（『郵便報知新聞』一八八一年一一月五日）。ここでの「公利」は、列強の商人の横暴に日本商人が屈しないことであり、日本のナショナリズムとつながっている。また、「公衆の利益」という用語を使い、警察官がその権力を人民のために適切に使わず、不正の行いをしたり私服で人民の私宅に入ったりするのは、それに反する行為だと論じた（『峡中新報』一八八〇年二月二七日）。

　これらの例からわかるように、原は「公利」や「公衆の利益」という今日の公共性につながる言葉を使いながら、兆民同様に、何が「公利」であるかをつかみかねている。私利でないものを「公利」という以上のことを、積極的に論じているわけではない。

　その理由は、一八八〇年前後は、今日の公共性につながる概念が未発達だったからである。現代の公共性概念の源流は、一つには幕末において確認される。それは、米価が数年の間に五倍から一五倍に高騰するような中で、町奉行所の一部役人も含め、有力商人たちが金銭や穀物を出し合って、貧窮者に対し、組織的に米穀を配ったり、炊き出しをしたりする救恤《きゅうじゅつ》活動に見られる（たとえば、小林丈広「幕末維新期の都市社会・再論」）。その後、維新後の近代化に伴い起きる様々な矛盾に、とりわけ都市部において対応を迫られる中で、公共性概念は、一八九〇年代半ばから一九〇〇年代にかけて中味を広げていく。それは、伝染病の予防と患者の治療をすること、都市の水不足や水の汚染への対応をするため上水道を敷設すること、都市の過密と交通の渋滞を解決するため、道路を直線的に広げ、市街電車を通すなど、都市民共通の利害のために公費を使って積極的に行う事業という幅広いものとなった。

他方、「公共」という用語も、都市部を中心に展開する。早い例は、一八七〇年代半ばの東京で、一般に対して開かれた場所という意味で使われたものである（松山恵『江戸・東京の都市史』二三四頁）。それが一八八〇年代後半から一八九〇年頃には、国民全体のためや、地域全体のためという意味で、「公共の法」（谷干城《たにかんじょう》）、福井市の「公共の道」（由利《ゆり》公《きみ》正《まさ》）などと、使われるようになる（小林和幸『谷干城』一一一頁、角鹿尚計『由利公正』v頁）。また、一八八九年七月公布の土地収用法に「公共の利益」のため、と「公共」が国や地方公共団体のためであると規定されるようになった。こうして一九〇〇年頃には、「公共」という用語が、都市部を中心とした地域に限定される形であるが、今日の公共性に近い概念で使われるようになっていく（伊藤之雄『「大京都」の誕生』四三二頁）。その後、一九一八年の米騒動後には、「公共」は貧民救済など今日の福祉も含んだ概念として成長していく。

さすがの原も、こうした公共性概念の発達途上において、「私利」でない「公利」を追求すべきだということの中味を、十分に論じることができなかったのである。

なお、先に述べた土地収用法に、国などの「公共の利益」のための工事において必要な時は、損失を補償して土地を収用または使用できる、とあることに関し、必ずしも国家の意思決定のすべてが「公共の利益」に合致しているわけではない。どのような政府がいかなるヴィジョンの下でどうした手続きを踏んだ意思決定が、「公共の利益」に合致する、あるいは最も近いのか。

伊藤博文が創設した当時の最有力政党の立憲政友会に、原は一九〇〇年一一月に正式に入党し、最高幹部の一人となり、逓信《ていしん》大臣・内務大臣を歴任し首相となるなど、国家意思の形成に大きな役割を果たす。その立場で、原が国家と公共性の関係をどのようにとらえるようになるのかを、第四章以降で見ていきたい。

外交での独自の施策と限界

「公利」（公共性）と同様に大きな問題は、兆民は政府に国民の意思を反映させる問題について、フランス啓蒙思想やフランス史からの理論的枠組みを教えたが、原が関心を持つ外交や国際関係については、特に深い視座を与えた形跡がなかったことである。

原は『峡中新報』に投稿したり、『郵便報知新聞』記者として記事を書いたりしている一八八一年末までは、外交関係の記事をあまり書いていない。自分で様々の本や雑誌を読むなどして、勉強途上であったからであろう。数少ない中で、一八七九年四月、政府が琉球に沖縄県を置き、清国との間で帰属が確定していなかった琉球が日本の所属であると明示したことへの言及がある（『峡中新報』一八七九年九月二日）。これについて原は、外交上の機密に関することの判断は基本的に政府に任せるべきだ、という。また、帝国主義時代の国家の外交政策の決定は、万一の戦争をも覚悟したものであるべき、とも論じる。原の論は、一八七七年の西南戦争の敗北で不平士族の反乱は収束していくとはいえ、不平士族が対外強硬論を唱えがちであったのに対し、とても抑制的である。

一八八二年春に『大東日報』主筆になると、七月下旬に朝鮮国で起こった壬午《じんご》事変に関連し、八月から九月にかけて原は朝鮮国関係の記事を集中的に書く。勉強を積んで、国際関係や外交について論じる自信が出てきたのであろう。壬午事変は、日本の支援の下で朝鮮国の近代的な兵制改革が行われたことに関連し、解任された朝鮮国の旧軍隊の兵士が、日本陸軍の将校を殺害して反乱を起こした事件である。これがきっかけで、開国によって生活が困難になった民衆が反乱に合流し、日本公使館も襲われ、日本の駐朝鮮国公使（現在の大使）は脱出して日本に戻った。

原は、事情はともかく、日本公使館が襲われて日本国旗が侮辱されたことについては、その罪を許すことができない、という。しかし、日本でも二十余年前は攘夷《じょうい》運動が盛んで、今回の朝鮮国と同様のことが起こっていたので、日本はまず平和的な交渉を行って、やむを得ない場合にならない限り戦争に訴えないようにすべき、と対外硬論の自重を求める。また、日本がこの事件に乗ずるようなことをすれば、日本が朝鮮を誘導して近代化するという目的にも反するし、列強が日本をどう見るだろうか、とも述べる。

さらに原は、事変への対応のため井上馨《いのうえかおる》外務卿が下関に行く際に、一〇日間近く同行取材を行い、日本側の朝鮮国への要求についての具体的な予想記事を書いた。原は、大東日報社に入る約一ヵ月前に井上の知遇を得ており、また同行中に井上の気をそらさぬ機知を示したからこそできた取材といえよう。

この取材が終わる頃までに、原は、(1)まず外交交渉での解決を目指し、やむを得ない場合に限り軍事力を用いる、(2)朝鮮国との交渉にも日本・朝鮮国双方の国内事情に配慮する、(3)列強の動向にも注意する、という帝国主義時代の外交の基本を感得したのである。

なお、原の記事には、二つの点が欠けていることが注目される。一つは、朝鮮国の宗主国である清国の動向や、清国との関係をどうするかという言及がないことである。同時期の日本には、清国について知らないにもかかわらず、清国の国力を軽んじ、朝鮮国への宗主権を否定し、近い将来の日清戦争をも覚悟する強硬論があった。それに原は反対であったが、清国も含め海外へ渡航した経験がなかったため、清国の国内事情や動向について確信をもって論じることができなかった。原は、世間にあった対外硬論に対し、自分も同じ未熟なレベルで論争したくなかったのであろう。

もう一つは、列強の動向を踏まえ、日本・清国・朝鮮国などの東アジアにこれからどのような秩序が形成され、それに対し日本はどう対応すべきか、といった長期的視座に立った外交論がないことである。海外渡航体験が一度もなかった原には、やむを得ないことであった。

原はエヴラール神父の下、次いで司法省法学校（特にフランス語やフランス学）、さらに中江兆民塾で学業を積み、それに加えて新聞記者になってからの勉学と実践によって、記者としてそれなりに活動していける自信をつけた。しかし逆に、自分の限界も知ることになった。限界を打破するためには、海外渡航できる可能性が高い外務省などの官庁に入るのが最もよい。またそれは、原が本来目指していたものであった。

第二章

天津で、パリで、漢城で

外交官の日清戦争

パリ駐在時代の原敬と貞子。写真提供・大慈会

天津領事の手腕

原は一八八二年（明治一五）一一月二一日に外務省御用掛《ごようがかり》に採用され、月給は八〇円で公信局勤務を命じられる。交際費こそないが、大東日報社時代と同額の月給であり、悪い待遇ではない。

原が半年ほどで大東日報社を辞めたのは、直接的には羽田恭輔《はだきょうすけ》社長ら上役との論調をめぐる意見対立があったためであろう。同新聞には原の考えと異なる、イギリス風の政党政治に否定的で、清国に対する強硬論の論調もあり、それは羽田らの論だったようである。

原にとっては、外務省に入るのは年来の希望であった。原は東京に向かう前に大阪から岡山へ行き、南部藩校「作人館」以来の年長の親友阿部浩（工部権少書記官〔本省の課長クラス〕・工作局）に会っている。近くにいた親友と喜びを分かち合いたかったのだろう。

原はその人柄と能力により、自ら道を切り開いて外務省に入った。すでに述べたように、壬午事変への政府の対応について取材するため井上馨外務卿に同行した際（第一章）、随行者に斎藤《さいとう》修一郎《しゅういちろう》（福井藩士の子、外務少書記官〔課長〕）らがおり、斎藤の周旋で入省したという。もちろん、外務省の責任者の井上外務卿も、原の入省を好ましく思ったに違いない。

原の公信局での仕事は、フランス語の翻訳を中心に、他に様々な取り調べ、井上外務卿の演説の草稿作りなどであった。約八ヵ月後には、太政官御用掛（文書局勤務、引き続き外務省御用掛兼務）に引き抜かれる形で異動を命じられ、現実に即し『官報』の利用価値が上がるような改良を担当した。

太政官文書局での『官報』改良の仕事が軌道に乗りかけた頃、一八八三年一一月二六日付で天津領事に任命された。清国にある日本の公館の責任者の中で、天津領事は北京公使（現在の大使）・上海総領事に次いで重要なポストである。原は二七歳にして、ようやく念願の外交の仕事ができるようになった。

原が天津領事に任命された時は、清国とフランスがヴェトナムをめぐって戦闘を始める直前の緊迫した時期であった。原は、フランス語を使い、清国やフランス、他の列強の動向を探り、日本の外交を支える重要な役割を与えられたのである。

天津に向けて東京を出発する二日前、一二月三日に原は中井《なかい》貞子《さだこ》（貞）と結婚した。中井弘《ひろむ》（工部大書記官〔局長〕）の娘で、まだ東京の跡見女学校に通っている一四歳。原との年齢差も一三歳あったが、当時としては珍しいことではなかった。

原は中井の依頼で、郵便報知新聞社時代に天皇・皇室論を書いたことがあり、二人は旧知の間柄であった。外交官は妻を同伴して外国に赴任するのが望ましい、と原に貞子との結婚を勧めたのは、井上外務卿であった。中井は幕末と維新後に合計数年間のイギリス・アメリカ滞在経験があり、薩摩出身であったが保守的な薩摩系が好きではなく、伊藤博文・井上外務卿ら長州出身の実力者と親しかった。原はこの結婚で、井上との個人的関係のみならず、親近感を持つ藩閥政府の改革派の伊藤・井上らの主流人脈につながるようになったといえる。また天津領事の収入は、年俸と妻を同伴する手当を合わせ三六〇〇円で、海外生活とはいえ、御用掛時代の月俸八〇円（年に九六〇円）の四倍近くになった。

原は貞子と従者・下女とともに、一八八四年一月一四日に天津に着いた。原が重視したのは、天津に滞在している清国の実力者李鴻章《りこうしょう》と会見し、友好的な関係を作り、清国の動向について情報を得ることであった。もう一つは、フランスの天津領事（代理）と会い、フランスの動向をつかむことであった。

さて清仏関係は、ヴェトナムでの戦闘で清国軍がフランス軍に敗れ、一八八四年五月中旬に協定が結ばれた。しかし、六月下旬に両軍が衝突し、清仏は全面的に戦争状態に入る。戦闘は、海上ではフランス側の優勢、陸上では清国側の優勢で推移した。翌一八八五年に入ると両国で停戦の気運が高まり、六月九日に天津条約を締結して戦争を終わらせた（岡本隆司『李鴻章』）。

原は、李が、清国の軍備は十分でなく、清仏戦争を早く終結したいと考えていることを、一八八四年の七月中旬から八月にかけて確信し、井上外務卿らに報告した。実際は、李の意向通りにはならず戦争は拡大したが、さらに李との信頼関係を深め、李が戦争自体に消極的であることも確信した（『原敬日記』、『原敬関係文書』第四巻）。

このことは、一二月四日に甲申《こうしん》事変が起こった時に、役立った。この事変は、朝鮮公使竹添進一郎《たけぞえしんいちろう》が、朝鮮国の近代化の主導権を握ろうとして、首都漢城（現・ソウル）で金玉均《キムオッキュン》ら朝鮮国の急進開化派と結んで、日本駐屯軍も使ってクーデターを起こした事件である。金玉均らは朝鮮王宮を占領し、国王を擁して一時的に政権を握ったが、親清派を支援した清国軍によって、二日間で敗退させられた。日本公使館も焼かれ、金らは日本に亡命した（高橋秀直『日清戦争への道』）。

外務省からの事件の真相の問い合わせに、原は李鴻章や清国側の情報を得、竹添公使の陰謀を疑い、李鴻章（清国側）が事変の拡大を望んでいないと判断し、日本政府の自重を提言した。伊藤博文や井上外務卿は、原の判断を一つの重要な根拠として閣議をリード、対清戦争を避ける方針を決めた。

この方針の下、井上外務卿は漢城を訪問し、一八八五年一月九日、日本と朝鮮国の間に漢城条約を結んだ。また伊藤博文は天津に行き、原の情報に加え、イギリスのプランケット駐日公使から、清国は朝鮮国からの撤兵に同意するとの重要情報を得て、李鴻章との間で同年四月一八日に天津条約を結んだ。こうして日清両国は朝鮮国から撤兵することになり、戦争の芽を未然に摘み取った。

パリ公使館での学び

天津に駐在中の原は、一八八五年（明治一八）五月九日付で外務書記官に昇進し、フランスのパリ公使館在勤を命じられた。井上外務卿の意向であった。井上は、原が西欧体験をしつつフランス語に磨きをかけ、ロシア・フランス・ドイツ・イギリスなど列強の動向を学び、外交官として成長してほしいと考えたのである。一九世紀において、まだ外交上の主要外国語は英語ではなく、フランス語であった。

原はいったん日本に戻り、少し休養して、一〇月一四日にパリに向けて横浜から船で出発する。エジプトを経て、ヴェネツィアから汽車に乗り、一二月二日にパリに着いた。

今回のパリ赴任は単身である。原は天津時代の経験から、繊細な性格の幼い妻を同伴していては、将来の飛躍のための学習や経験を十分に積むことはできないと思ったのだろう。当時、不平等条約の改正交渉が井上外務卿の下で行われていたが、東京の外務省で列強代表と交渉する形式だったので、パリ公使館では特にやることがなかった。列強から見て、日本は極東の小国に過ぎず、ヨーロッパで対列強外交を展開する地位にはなかったのである。したがって、前任の天津領事館ほど重要な外交任務はなく、原の上司にあたる駐仏公使は、スペイン・ポルトガル・ベルギー・スイス公使も兼任していたほどである。このため、公使に次ぐ書記官であった原が、公使の不在中は臨時代理公使として日本政府を代表することになった。

パリに到着して二週間ほどすると、原は庇護者の井上外務卿に手紙を出し、公務には尽力するが、一年間くらいは夜会などにも出席せず語学その他の学業に励みたい、との決意を述べている。

その言葉通り、原はパリに来て一週間後に、毎朝一時間のフランス語個人レッスンを開始した。講師は日本人にフランス語を教えたことのあるフランス人である。会話でも習うか、というような軽い気持ちではない。フランス語に関しては、原はすでに一七歳の時からエヴラールに学び、司法省法学校でも二年五ヵ月、中江兆民塾でも半年間、勉強してきている。新聞記者や外務省御用掛としてフランス語の翻訳やフランス語を通しての情報収集をしてきたし、天津領事時代にはフランス領事と外交問題について直接に意思疎通して情報を集めた。すでに一二年以上もフランス語を学び使っているから、その語学力は大抵のことには十分であった。その上に学ぶというのは、上流・中産階級のフランス人に対しても遜色がないような完璧なフランス語を使いこなすようになり、同時に文化やマナーの常識も身につけたい、という意欲があったからであろう。

パリ公使館時代のフランス語を通した貪欲な勉強ぶりをうかがわせるものが、原家に残された三五冊のフランス語の書籍名のメモと、新聞切り抜きメモである（『原敬関係文書』五巻）。書名を日本語に訳すと『国際法の理論と実践』、『ヨーロッパの国際法』など、国際法や外交文書の書式に関するものが一四冊、『戦争の実際の原因』、『タレーランの手紙』（タレーランはフランスの首相、外相）、ギゾー『フランス史』、トクヴィル『アメリカの民主主義』、モンテスキュー『ローマ興亡論』（中江兆民塾の教科書リストの中にもある）、『古代都市』など、古代から現代までの欧米の歴史書一二冊、カント『法の哲学原理』、『シェークスピア全集』、パスカル『パンセ』などの哲学・文学書四冊など、多岐にわたっていた。

新聞の切り抜きも、「フランス・清国間の条約」、「コーチシナ〔フランス領時代のヴェトナム南部〕の行政」、「国境をめぐる紛争」など外交に関するものから、フランスやイギリスの国会の動向、パリ統計類に関するものまで、同時代に進行していた政治・外交・経済に至る、幅広いものである。

原はかつて中江兆民に習ったフランス啓蒙思想を超えて、外交官として特に必要な国際法を身につけるのみならず、国際法の枠にとどまらず、同時代に起こっていた様々な事件から、フランスやヨーロッパの政治外交の実態やルールを理解しようとしたのである。さらに、歴史・哲学・文学書まで読書の幅を広げて、フランスやヨーロッパ諸国、そこに生きる人々の特色と行動の原理のようなものをつかもうとしたのであろう。

国際法の重要書『陸戦公法』を翻訳

また原は、勉強と実践の一環として、パリ公使館に勤務中、『陸戦公法』（日本で日清戦争開戦直後の一八九四年八月に出版）の元となる翻訳作業を行った。この本の原書は、一八八〇年にイギリスで開かれた「万国公法会」（万国国際法学会）で議決され、各国政府に送られたものである。戦争の際に軍隊は一般国民に対してどのように対応すべきか、など現代にもつながる戦争のルールを定めている。

幕末に日本は、軍事力の圧力の下で列強と不平等条約を結ばされた。不平等な点は、列強の国籍を持つ人物が日本で罪を犯しても日本に裁判権がなく、その列強の領事が裁判をする領事裁判権（治外法権）があること、列強からの輸入品に日本が独自に関税をかけられない（関税自主権がない）こと等であった。この条約を改正するためには、日本が列強と同様の「文明国」であるとみなされる必要があり、それには、戦時下といえども列強の承認している国際法やルールを守る必要がある。したがってこの翻訳は極めて重要な仕事だった。

これらの勉強と、公使館の日常のこまごまとした雑用をこなす以外に、パリへやってきた要人の世話をすることも、原の仕事であった。たとえば、欧州に派遣された伏見宮貞愛《ふしみのみやさだなる》親王《しんのう》（陸軍中佐）が、一八八六年三月にパリに来た。原は二歳若い同宮のお伴で、三日間にわたってフランス士官から陸軍の組織について講義を聞いて筆記するなどした（原はこの筆記を「仏国陸海軍事務筆記」として保存）。この出会いから二七年後、原は衆議院第一党の立憲政友会を事実上率いて、山本権兵衛《やまもとごんべえ》内閣に副総理格の内相として入閣し、政治改革を進める。その際、大正天皇の補佐役だった伏見宮は、同内閣の有力な後援者となる。

　オーストリア公使、次いでドイツ公使になる西園寺《さいおんじ》公望《きんもち》（公家出身）も、やってきた。パリでの出会いから十数年後、伊藤博文が政友会を創立する際には、二人が協力し合い、西園寺が同党の二代目の総裁、原が三代目の総裁となる。

　話をパリ公使館時代に戻すと、パリへ来て一〇ヵ月ほど経った一八八六年秋になると、原は疲れを感じるようになり、パリに来たがっていた妻貞子を呼び寄せることにする。貞子は翌年二月に着いた。二人でパリを見物したり、アルプスの温泉地からスイスへの旅行を二〇日も楽しんだり、ノルマンディー地方の海岸へ数日間出かけたりした。外相が大隈重信に替わると、原の希望に反して帰国命令が出た。原は帰国直前に、ロンドン（九日間）やベルリン（四日間）への旅行をした後、パリを出発、一八八九年四月六日に神戸港に帰ってきた。

この間、一八八九年二月一一日に日本では大日本帝国憲法（明治憲法）が公布され、同日に憲法と並立する形で、天皇と皇室のことを規定する皇室典範《こうしつてんぱん》も制定された。こうして天皇は、二つの法の下に自ら入る形となった。原がフランスにいる間に、伊藤博文を中心に日本は立憲国家への道を着実に歩んでいた。

井上馨農商相に失望する

原は帰国するとすぐに、農商務大臣になっていた井上馨から誘われ、一八八九年（明治二二）四月、農商務省参事官となった。農商務省は農林漁業・商業・鉱業・工業を担当する重要な官庁であるが、外務省と比べると地味である。せっかくフランスで外交・国際法を勉強し、フランス語を磨いたにもかかわらず、外務省を去ったのは、肌が合いそうもない大隈重信が外相となっていた外務省では希望がないと思ったからである。

さて五月二一日、原は農商務省で、まず同省の組織改革の調査を命じられた。原は、工業や水産業がまだ十分に発達していない割に同省の組織は大きすぎると見た。そこで総務局を廃止して大臣官房に合併する、工務局を廃止して商務局に合併し、商工局にする、地質局を廃止すること等を、同年六月中旬までに井上農商相に提言した。農商務省の組織改革を命じられてから二〇日間ほどで大胆な改革をまとめたことから、フランス帰りで三三歳、やる気満々の原の意気込みがわかる。

それでは農商務省という初めての職場で、どうして原が日本国内の農業・商業・鉱業などの事情を短期間に把握し、工業や水産業がまだ十分に発達していないのに省の組織が過大である、と断言できたのだろうか。それは原が、日本の地域の政治思想や運動、産業の実態などを知るための「民情視察」に早くから関心を持ち、実施していたからである。

一八八一年には、郵便報知新聞の記者として、渡辺《わたなべ》洪基《こうき》（前外務省記録局長、後に東京府知事）に随伴して、関東・東北・北海道まで一道九県を周遊する一三三日間の旅をし、新聞に記事を書いた。御用掛として太政官文書局（外務省兼任）で『官報』の改良の仕事をしていた際も、官報改良のため自らが地方に派遣されるよう建言し、岡山・広島・山口および九州全部の巡回を命じられた。官報改良のための巡回というのは名目で、原は前回訪れていなかった西日本地方の「民情視察」がしたかったのである。一八八三年一〇月一四日、原は東京を出発し、三重県・滋賀県・大阪府・兵庫県を経て、一九日に岡山県から視察を始め、広島県視察を終えたところで、一一月一三日に外国赴任（天津領事）を命じる電報が届いていたので、東京へ戻る。公式には二県（約一ヵ月弱）の視察に過ぎないが、途中で三重県からあえて陸路を取り、四府県の状況も簡単につかんだ。

これまで見てきたように、一〇代後半までに、原は日本の安全保障に強い関心を持ち、海軍将校や外交官になろうとした。しかし原の夢は、そこに留まらない。同様の観点から、新聞記者時代には、真に国政を指導できる政治家になろうという意識が出てきたと思われる。政治家を目指す将来への布石として行った「民情視察」での感覚に、農商務省にある新しい統計情報を加えて、同省の組織改革方針形成に役立てたのであろう。

ところが井上は、原の組織改革案を実行しようとしない。

井上が農商相に就任する前から、同省では薩摩出身の前田《まえだ》正名《まさな》（工務局長兼農務局長）が、他の局長以下を従え、実権を握っていた。井上も次官の岩村通俊《いわむらみちとし》（土佐出身）も農商務省に初めて赴任し、経験がなかったからでもあった。前田は、地方の農業・工業・商業が著しく衰退している現状を打開するため、農商務省が中心になって産業を振興しようと、背伸びしてでも組織を大きくすべきと考えた。原は自分の案が実施されないばかりか、前田一派のため農商務省内で孤立し、嫌気がさしてきた。

井上はなぜ原の提言を凍結したのか

後述するように、約一年後に薩長藩閥外の陸奥宗光（前駐米公使、和歌山藩出身）が農商相に就任し、前田正名一派を農商務省から追放し、原の提案を実施する。井上馨農商相は、長期にわたって外務卿（外相）などとして条約改正に尽力するなど、藩閥内ではトップの伊藤博文（長州出身）、長州出身の伊藤に次ぐ実力者の山県有朋、薩摩のトップの黒田《くろだ》清隆《きよたか》らとほぼ同格の有力者であった。その井上が、陸奥が実行できたことをなぜ実施しなかったのだろうか。

それは、原が農商務省の組織改革案を井上に提言したであろう一八八九年六月上旬頃から中旬が、ちょうど大隈重信外相の条約改正案への批判が高まり始めた時期と重なるからである。大隈の条約改正案には、日本が治外法権を回復して外国人の絡む裁判を日本の裁判所で行うことができる見返りに、大審院（現在の最高裁判所）のみは一定期間外国人判事を任用することが含まれていた。井上馨外相の条約改正案が第一審から外国人判事を一定期間任用する内容であったため、日本国内での反発が強まって失敗したので、伊藤博文や井上は、大隈を外相として政府に入れ、井上案を改良する形で条約改正を成功させようとしていた。また、首相は伊藤から黒田清隆に替わるものの、黒田も大隈と連携していた。

ところが、原の農商務省改革案が出された頃でもある六月六日、法律通で知られた井上《いのうえ》毅《こわし》法制局長官が、外国人判事を大審院に任用することは、官吏は日本人と規定した憲法と矛盾するとして、大隈条約改正批判を開始した。井上毅は、伊藤の憲法草案作成の最大の功労者でもあり、その発言は重みを持つ。これにより、問題は他の政府高官にも伝わり、大隈が爆弾で重傷を負って右脚を失い、一〇月二五日に黒田内閣が総辞職するまで、政府を二分するような大きな混乱を生じていった。

原の農商務省改革案凍結と条約改正問題などが結びついていることを間接的に示すものが、品川《しながわ》弥《や》二《じ》郎《ろう》（前ドイツ公使・農商務大輔〔次官〕）が井上馨宛てに一八八九年六月一六日に出した手紙である（「井上馨文書」国立国会図書館憲政資料室所蔵）。その主な内容は、次のようである。

> (1)過日来農商務省の「官制論を聞くに、商工を合併する」のは不得策との議論が多い、(2)せっかく工業の芽が出始めているのに、今工務局を廃止することになると、世間の同業者にはよほど悪い感じとなり、「公私ともに」害があって、よい点はないと思う。(3)何でも前田が「又々岩上に攻め入りて、合併策を止める事を大将軍〔黒田清隆首相〕に歎願する様子なり」、(4)これは「衆議」に御任せの方が万々に適当と思います、と。

元来品川は、農商務省が主導する産業振興に熱心である（池田さなえ『皇室財産の政治史』第二章）。また、「井上馨文書」から、この頃同じ長州出身の井上馨と内容のある手紙のやり取りをしきりに行っているのがわかり、二人の関係は非常によいといえる。その品川が、工務局を合併するような農商務省の組織を縮小する改革への反対を井上に表明している。しかも、前田が薩摩系の盟主的存在の黒田に嘆願するという。品川の別の手紙では、黒田は「大西郷〔西郷隆盛〕気取り」で誰でも来《きた》れとの態度であるが、「徳も識力も」西郷には及ばぬということは誰でも承知しているだろうという（井上馨宛品川書状、一八八九年〔七月カ〕二九日）。

井上が原の提案を凍結したのは、第一に、この段階では井上も支持していた大隈の条約改正案が批判され始めていたので、伊藤（班列相〔現在の無任所大臣〕）・井上と黒田・大隈の四閣僚の団結が何より必要だったからである。井上は農商務省の組織改革問題で、黒田との関係に少しでもひびを入れたくなかったのである。

また井上は、品川との関係も悪化させたくなかった。一八九〇年（明治二三）の帝国議会開設を前に、井上は一八八七年秋頃から、旧民権派に対抗する穏健な政党、自治党を組織する動きを開始し、それは一八八九年半ばまで続いた（坂野潤治『明治憲法体制の確立』第一章一節二）。品川は、この自治党構想に関係し、また自治党構想が終わった後も、穏健な政治勢力の育成に尽力している（井上馨宛品川書状、一八八九年一月七日、一五日、一八九〇年四月二〇日、一八九一年一〇月七日など）。井上にとって、品川は単に親しい長州系の後輩というのみならず、旧民権派に対抗して議会で政府を支える穏健な政治勢力を育成するため、重要な存在だった。

井上は、勇気があり、渡欧体験や英語能力も十分で、時代をリードするヴィジョンも形成できるが、短気な性格で、人の気持ちに十分に配慮して接することがうまくないのが、欠点であった。大物の井上から見れば、原は農商務省の一介の参事官（現在の本省の課長）に過ぎず、自分が引き立ててやっている存在である。そこで、おそらく井上は、原の改革案を凍結せざるを得ない事情を、原に丁寧に説明するのを省いたのであろう。

井上の立場からすると当然の行動ともいえるが、自信満々で気の強い原は、どんなことでも黙って井上に従うような性格ではない。自分の組織改革のヴィジョンの正当性を確信していたこともあり、井上の態度に失望し、強い憤懣《ふんまん》を抱いたのである。

その後、条約改正が紛糾し黒田内閣が倒れたのが原因で、井上は一八八九年一二月に農商相を辞任し、次官の岩村がその後任となる。原は岩村に求められて実権を揮《ふる》いやすい農商相秘書官となる。しかし、前田が後任の次官となった上に、すぐに岩村が病気になり、状況は変わらない。どんなに努力しても、人生には予測できないことが起こり、窮地に陥ることも少なくない、という典型のような事態である。それでも原は、前田に屈しなかった。

陸奥宗光への心酔

岩村は半年もせずに農商相を辞任、一八九〇年五月一七日に陸奥宗光（和歌山藩出身）が農商相に任命された。陸奥は維新後に藩閥政府に加わり、いったん下野、投獄までされたが、伊藤博文とその親友の井上馨に才能を惜しまれて政府に復帰した。この時、内閣は伊藤に次ぐ有力者の山県有朋が率いていた。山県首相は、政党勢力に宥和《ゆうわ》的な伊藤らと少しずつ対立するようになっていた。山県が陸奥を入閣させたのは、伊藤系との対立を深めないためであった。

陸奥が農商相に就任した日にさっそく原は陸奥に呼び出され、二日後には秘書官を続けてほしいと依頼された。それまで陸奥は、原を事実上知らなかった。陸奥はなぜ、原を頼ったのだろうか。

一つには、陸奥が西園寺公望と極めて親しかったことが関係しているだろう（伊藤之雄『元老西園寺公望』）。原もフランス公使館時代に、西園寺とかなり親しくなっていた。

もう一つは、二人の出自と当時の立場が関係していたのであろう。陸奥は和歌山藩勘定奉行の子として生まれ、原と同様に薩長藩閥以外の上級武士の出身であった。加えて改革派の伊藤・井上系であることが、二人に共通していた。

さらに、陸奥の立場から見ると、農商務省に関わるのは初めてであり、同省の事情を知っていて、秘書官（課長）クラスで前田派（薩摩系）以外の有能な人物は、原しかいなかった。

陸奥農商相の新体制下で、原は陸奥の支持を得て、次官兼農務局長・総務局長として権力を揮っていた前田を五月三一日付で辞任させた。さらに六月二一日には、原の案に従って総務局・水産局・工務局・地質局を廃止する組織改革が実施された。また同じ日に、残留してきた前田派の局長ら三人が辞任させられる。

陸奥が初めて原を呼び出した日から一ヵ月余りで、陸奥は原を信用して果断に決定を下し、農商務省改革を実行した。原は事情を十分には知らなかったであろうが、藩閥有力者の井上馨ですら躊躇《ちゅうちょ》したことであったので、原は陸奥の度胸と手腕を評価し、この人なら仕えていけるという思いを強くしたであろう。

さらに七月二四日に会計局が廃止されるなど、組織を縮小する原の趣旨に沿った改革が続く。この組織の大枠は、陸奥と原が農商務省を去った後にも、日清戦争まで継続する。日清戦争に日本が勝つと、清国から多額の賠償金（在外正貨、すなわち金）が入ることになり、賠償金ブームで日本の経済が好転し、経済や産業の規模が拡大し、状況が異なってくる。原の組織改革はその時点まで現実に合ったものだったといえる。

他方、七月には第一回総選挙が混乱なく実施され、一一月に第一回帝国議会が召集され、一八九一年三月に無事閉会を迎えた。こうして、藩閥政府は国民に国会開設の詔の約束を果たすとともに、列強に対し、日本は立憲国家として選挙や議会運営もできる国だということを見せつけたのである。

さて山県首相は、第一議会を何とか無事に終了すると、辞任を決意した。藩閥有力者たちの相談で、五月六日に薩摩出身の松方正義《まつかたまさよし》（前蔵相）を首相とする第一次松方内閣が成立した。閣員の多くは留任し、陸奥も留任したので、原は秘書官を続けた。

ところが第二議会において、有権者の地主勢力を代表していた衆議院（自由党・改進党など野党が多数）は、農地など土地にかかる税金である地租を軽減するため、政府の作った予算を大幅に削減した。それに対抗し、松方内閣はただちに衆議院を解散した。それに続く第二回総選挙では、野党が多数になるのを防ぐため、品川弥二郎内相の下で大選挙干渉が行われ、流血の事態となった。帝国議会は、納税額を制限された有権者が総選挙で議員を選ぶ衆議院と、爵位を持った者や勅選された旧高級官僚らが議員となる貴族院という二院からなり、この両院を通過しないと予算が成立しないからである。

この選挙干渉を批判して、伊藤博文枢密院議長は辞表を提出し、陸奥農商相も品川の辞任を求めて活動した。天皇は伊藤の辞意を認めず、品川内相は辞任した。これにともない、陸奥が辞意を固めると、原も秘書官（参事官兼任）の辞任を申し出た。陸奥は意外なことであるとの反応をしたが、三月一四日に二人は一緒に辞任した。

原が進退を共にしたことで、二人の関係はさらに親密となった。その後も原は陸奥と手紙や電報のやり取りを続ける。前田一派が追放された後、秘書官であった原は農商務省で人望を得て地位を築き、次は局長中でも地位の高い勅任局長になることも可能であった（伊藤之雄『原敬』上巻）。ここで陸奥とともに辞任すると、陸奥が復活できないなら原の将来も明るくないかもしれない。しかし原は迷わず陸奥にどこまでもついていく、というリスクを取った。それが次の原の飛躍につながっていく。

陸奥外相の三つの課題

先に述べたように品川内相が辞任すると、松方内閣は失速状態となり、原が農商務省を辞めて四ヵ月半で総辞職した。その後任として、一八九二年八月八日に第二次伊藤博文内閣が発足し、陸奥が外相に抜擢された。陸奥の意向で、八月一三日に原は外務省通商局長に任命された。また九月六日には取調局長も兼任するようになった。通商局は通商・航海政策全般を扱い、取調局は条約改正の取り調べ等を担当する局である。三六歳の原にとって願ってもないポストであった。

外相となった陸奥は三つの課題を抱えることになった。一つは幕末に結ばれた不平等条約の改正である。二つ目は、清国が宗主国としての権限を主張している朝鮮国への政策である。三つ目は、議会、特に衆議院対策である。初期議会以来、陸奥は出身地和歌山県の衆議院議員を陸奥派として陰で率いていたように、将来に大政党の党首になり政党内閣を作ることを理想としていた（伊藤之雄『立憲国家の確立と伊藤博文』）。このため、第二次伊藤内閣に対する衆議院の支持を確保するための政党対策を兼ねて、第一党の自由党との関係を深めようとしていた。自由党の最高幹部の一人星亨《ほしとおる》は、かつて陸奥の書生であったことから、陸奥との関係が深かった。

朝鮮政策で陸奥外相を支える

原は陸奥外相から、二つ目の朝鮮政策と三つ目の議会（政党）対策に関わることを求められた。一つ目の条約改正は、陸奥外相が伊藤首相と連携し、青木周蔵《あおきしゅうぞう》駐英公使（前外相）を使って行ったので、原は直接関わることがなかった。一八九四年七月一六日に日本はイギリスと日英通商航海条約を調印し、領事裁判権（治外法権）を廃止し、日本での外国人の裁判は日本の裁判所で行えるようになった。関税も日本が実質的に関税自主権を得るに近い形となり、日本の産業保護ができるようになった。他の列強もイギリスに続いた。

話を二つ目の朝鮮政策に戻すと、原は通商局長に就任して一ヵ月半後の一八九二年九月末に東京を出発して、朝鮮国への出張を行い、一〇月末に帰国した。朝鮮国を訪れるのは初めてで、直接の目的は、防穀令《ぼうこくれい》事件の賠償問題を解決することであった。

この事件は、三年前の一八八九年一〇月に朝鮮国の咸鏡道《ハムギョンド》の地方官が、凶作であることを条約上の根拠とし、一年間日本に穀物輸出を禁止する防穀令を出したことに始まる。安い穀物が多く日本に輸出され、朝鮮人の食料が値上がりして不穏な状況が生じるのを防ごうとしたのである。しかし、これにより日本商人は損害を受ける。日本公使館の調査では、凶作の実態はなく、むしろ「豊作」というべき状況であった。そこで日本政府はその撤廃と日本商人に対する損害賠償を請求した。日本側の抗議で防穀令は廃止されたが、賠償問題は解決していなかった。

しかし、原が一ヵ月間の朝鮮国への出張で得た外交上の直接の成果は、何もなかった。それは、朝鮮国側の交渉相手である外相が賠償額を少なくしようと言葉を曖昧にして引き延ばし策に出たためであり、また、原が強圧的姿勢を取らず、国際法上の条約違反であるので賠償を支払うよう交渉相手を説得しようと、忍耐強く合理的な姿勢をとったからである。もっとも、この出張で原が朝鮮国政府観と朝鮮人観を得ることができたことは、その後に朝鮮政策を形成するにあたっての大きな財産となった。

朝鮮国政府については、外交の責任者が事実と異なることを平気で述べ、原を眩惑《げんわく》しようとし、矛盾を突くとすぐ反論できなくなることを経験し、きわめて悪い印象を持った。原は「子供らしき談判の相手」をしているようなものだ、と日記に憤りをぶちまけた。それは、八年半ほど前に天津で交渉した清国の重鎮李鴻章の印象とは、全く違っていた。

朝鮮人に関しては、一般人民でも良く洗濯された清潔な衣服を着ていることや、狭い家でもとても掃除が行き届いてきれいであることを挙げ、彼らが「世間の人が想像する程の怠惰な人間」ではないことを感知した。一般の人民が貧しいのは、政府が腐敗して行政が整備されていないからである、と見た。

原のこのような見方からは、日本は朝鮮人の好意を失わないように気をつけながら、日本が「あるいは清国と共同して」朝鮮国政府を指導し、近代化改革を行い、本来彼らが持っている可能性を伸ばしていこう、という政策が出てくる。

実際、原は一八九四年七月の日清戦争の開戦前と開戦後に、二つの対朝鮮政策を起草した（二つは陸奥外相への提出が確認される）（『原敬関係文書』第六巻）。そこには、右に述べた通商局長としての一ヵ月間の朝鮮国への出張から得られた朝鮮観が反映されている。

その話に入る前に、一八九四年七月に、なぜ日本と清国の間に戦争が起こったのかを、簡単に見ておこう。

朝鮮国は依然として清国の属邦（属国）であったが、日本は認めていなかった。そもそも属邦という概念は、近代国際法にはなかった。清国は衰えており、このままの状態で朝鮮国がロシアなど有力な列強の支配下に入ると、その列強の軍事拠点が朝鮮半島に作られ、日本の安全保障に関わると見たからである。また悪いことに、開国以来、物価騰貴などで朝鮮国内は不安定となっていた。

そこに、一八九四年四月に東学教徒や農民が白山《ペクサン》に集まり、甲午《こうご》農民戦争（東学党の乱）が始まった。伊藤内閣は朝鮮国の秩序が乱れた状況に列強が付け入ることを恐れ、六月五日に混成旅団を出発させた（最終的に八〇〇〇名）。この時、陸奥外相は清国と対決しても朝鮮国の改革を行おうと考えていたが、伊藤首相は、自らが李鴻章と交渉して結んだ天津条約以来一〇年近く続いてきた清国との協調を重視した。清国が朝鮮国が属邦であるとの立場を捨て、日本と共同で朝鮮の治安維持と近代化ができれば、最もよいとの考えからであった。

清国も朝鮮国に出兵を決め、六月一〇日、清国は朝鮮国が属邦であると通告してきた。これに対し、伊藤内閣は属邦の通知は承諾できないと回答し、六月一五日、清国が日本と共同で朝鮮国を改革することに同意しなければ日本単独ででも改革する、という方針を決めた。伊藤内閣は清国と戦争になってもやむを得ない、と決したのである。この頃、日本の軍事力はかなり強化されており、清国と十分に戦える水準になった、と日本政府や軍当局は見ていた。七月二五日、日本海軍は豊島《ほうとう》沖で朝鮮国の首都漢城（現・ソウル）へ清国兵を運ぶ同国の輸送船と護衛艦を撃破する。こうして日清戦争が始まった。

先の対朝鮮政策についての原の二つの提言に戻ると、原は第一に、朝鮮人は独立心に乏しいので、近代国家として「独立の基礎」を強化させるためには、朝鮮国が進んで独立心を持つよう、日本が促すべきである、と主張した。

第二に、これまでの琉球事件・台湾出兵・清仏戦争までの清国の動きを見ると、清国が日本に好意的姿勢を示すのは、清国・日本・朝鮮国などを一つのものとして全体の利益を考えたものでなく、清国第一主義の利己的なものだと、日清開戦前に見ていたことである。

第三に、清国がそのような態度であるので、朝鮮政策の最初に決定すべきは、清国との関係をどのようにするかであり、日本が朝鮮国に対して多少の政略を行えば、清国は必ず日本に対抗してくる、ととらえたことである。

こうした原の見通しは、日清戦争前から戦中・戦後数年間の清国や朝鮮国の動向を大筋においてつかんでいる。陸奥外相には直接の清国・朝鮮体験がなかったので、陸奥にとって原の朝鮮政策論は、非常に参考になったと思われる。

これは、原が天津領事としての清国体験、防穀令事件解決の交渉のための一ヵ月の朝鮮国体験を、フランスで学んできた欧州の歴史や国際政治と融合させて考えた成果である。日本と清国や朝鮮国との外交を歴史の流れとしてとらえ、清国や朝鮮国の動向を予測し、日本の政策を論じた、原独自のものだった。約一二年前、外務省に就職する前に『大東日報』の主筆として朝鮮政策を論じたものと比べると、格段に洞察力が向上している。

明成皇后（閔妃）殺害事件の真相をつかむ

日清戦争は、豊島沖海戦の数日後、一八九四年八月一日に日本が清国に宣戦布告をして正式に始まる。九月一五日から一六日、日本陸軍は平壌《ピョンヤン》の戦いで清国軍を敗走させ、陸上での勝利をほぼ固めた。また、清国海軍は定遠《ていえん》・鎮遠《ちんえん》という日本にない大型艦を保有していたので、陸上に比べ海上戦闘は不安であったが、日本海軍は九月一七日の黄海《こうかい》海戦で予想以上の大勝を収めた。開戦から二ヵ月もたたないうちに、日本は戦争の勝利を確実にしたのである。こうして一八九五年四月一七日に日清講和条約（下関条約）が調印され、日本は清国に朝鮮国の独立を承認させ、遼東《りょうとう》半島・台湾・澎湖《ほうこ》諸島と、二億両《テール》（当時の約三億一〇〇〇万円で現在の約七兆円、当時の日本の国家一般会計歳出の約三・五倍）という多額の賠償金を獲得した（遼東半島は、ロシアなど列強三国の勧告で、清国に返還、その見返りに賠償金が三〇〇〇万両追加される)。この戦争や講和の大枠は、伊藤首相・陸奥外相が山県有朋ら軍の有力者と連携して主導した。このため、通商局長の原は、戦時中は大きな仕事がなく、手持ち無沙汰であった。

この間も陸奥の原への信頼は変わらなかった。日清戦争直後に林董《はやしただす》次官が駐清公使に昇任すると、五月二二日、原は外務次官に任命された。三九歳の時である。

それから四ヵ月半。朝鮮国の首都漢城で、一〇月七日夜から八日早朝にかけて、三浦梧《みうらご》楼《ろう》公使の意を受けて、日本の守備隊や公使館員らも加わって、景福宮《キョンボックン》に押し入り、朝鮮国の実権を握っていた明成《ミョンスン》皇后(閔妃《ミンビ》)を殺害した。三浦は明成皇后がロシアに接近して日本の影響力を削ごうとしたので、排除し、親日政権を作ろうとしたのである。

これに参加した日本人は朝鮮人に変装していたが、現地では明成皇后殺害は日本側の行為であると少しずつ知られていった。ところが、三浦公使は事件についての電報で、当初は日本人・日本守備隊の関与にまったく触れていなかった。そこで、西園寺公望外相臨時代理(陸奥外相は結核で療養)が他の情報から問い詰めると、曖昧な形で日本人の関与を認め、日本守備隊の関与についても一〇日発の電報でようやく認めるありさまであった。三浦は自ら事件を主導したことを知らせず、伊藤首相や西園寺ら東京にいる日本当局者は事件の全貌をつかみかねていた。

そこに、一〇月一六日頃と一七日に、漢城駐在の内田《うちだ》定槌《さだつち》領事から原敬に宛てた手紙が二通（一〇月八日付と九日付）届く。手紙には、事件の真相が書かれていた。内田は事件に関わっておらず、原次官を信頼して内部告発したのである。

内田からの二通目の手紙が届いた一〇月一七日に、これらの情報をもとに伊藤首相・川《かわ》上操六《かみそうろく》参謀次長と原外務次官の三人で対応策が話し合われた。さらに、閣議を経て、三浦公使は事件の首謀者として日本に召還され、処分されることになった。また、事件に関係した公使館員に帰国が命じられ、一般日本人の嫌疑者らにも漢城からの退去という形で帰国が命じられた。

原も伊藤首相、西園寺外相代理も、そしておそらく陸奥も、三浦のような、国際法に反する乱暴で高圧的なやり方には反対であった。

次いで、明成皇后殺害事件の四ヵ月後、一八九六年二月に朝鮮国王高宗《コジョン》はロシア公使館に逃れ、親露政権を樹立した。日本による暗殺を恐れたからである。三浦の構想とは異なり、朝鮮国における日本の地位はかえって低下し、ロシアの影響力が増大した。

同年六月一一日、原は自ら望んで、朝鮮国在勤の公使に任じられる。その頃、陸奥は五月三〇日付で外相を辞任し、同日付で西園寺が文相と兼任で外相に就任した。原は陸奥の腹心で、西園寺とも親しく、西園寺は陸奥に心酔しているので、原の意思は通りやすい。

しかしながら、原は自らも外務次官で、伊藤首相と親しい陸奥や西園寺と親密であるので、伊藤が前年秋頃から首相を辞めたがっているのは察知していたはずである。また、この年春ごろから、実業家層を中心に、松方正義（前首相、薩摩出身）・大隈重信（前外相、佐賀出身）という二人の財政通が連携して政権を担当すれば、日清戦後経済がさらに好転するとの期待が強まっていた。それなら、なぜ原は任期が短くなりそうな朝鮮国公使になることを望んだのだろうか。

一つには、次官よりも格の高い朝鮮国公使に就任することで、次の新たな活躍の場に転進する際の立場を強めようとしたのである。実際、陸奥は駐米公使を務めた後、農商相、さらに外相に就任している。当時、外務省においては、イギリス・アメリカ・ロシアなどの列強公使や、日本外交の焦点であった清国・朝鮮国の公使は、閣僚になる一歩手前のポストと見なされていた。

もう一つは、もし原が好ましい外相が続き、朝鮮国公使に比較的長期に留まるなら、同国における日本外交の苦境を何とか打開し、日本の基盤を強めようと思ったのであろう。

ところが、まもなく第二次伊藤内閣は総辞職し、九月一八日に第二次松方内閣が成立し、再び肌合いのよくない大隈重信が外相となった。すぐに大隈外相から帰国命令が出されたので、原は一〇月初めに漢城を離れた。朝鮮公使としての仕事は何の成果もなく、実質的に三ヵ月で終わった。原は辞任を望んだが、なかなか認められず（この理由は第三章冒頭で述べる）、翌年二月にようやく辞任でき、待命の身分となった。

陸奥から期待された議会（政党）対策

これまで陸奥外相とその盟友の西園寺外相（もしくは代理）の下での原の外交方面での活動を見てきたが、次に、陸奥の三つ目の課題である議会（政党）対策に関する原の活動の方へ、話を移そう。

すでに述べたように、陸奥が農商相を辞任した際に、原も秘書官（参事官兼任）を辞めて農商務省を去ったので、原への陸奥の信頼は強まった。陸奥外相の下で、原が通商局長として外務省に戻るまでの原の浪人時代、原は陸奥の郷里の和歌山県陸奥派の城代家老ともいえる岡崎邦輔《おかざきくにすけ》（衆議院議員）を、陸奥から紹介されたようである。一八九二年六月には岡崎と手紙のやり取りを始めている。岡崎は陸奥の従弟《いとこ》でもあった。

その後、原は一八九二年八月に通商局長になった。この年末からの第四議会中に、原は「現内閣及び聯立内閣」と題した清書の原稿に加筆している（『原敬関係文書』第五巻）。これは、陸奥外相が伊藤首相らから議会（政党）対策も期待されているので、陸奥外相に見せるためのものであろう。

そこでは、〔衆議院で第一党の自由党と第二党の立憲改進党が連携して、過半数を占めて伊藤内閣（藩閥勢力）と対決しようとしているのに〕、内閣組織以来、伊藤は議会（政党）対策をしていないと批判する。また、大隈重信（立憲改進党）や板垣退助（自由党）と伊藤内閣が連立内閣を作る動きがあると見て、それは困難な政局を一時的に逃れようとするだけだ、と批判する。その上で原は、伊藤内閣が行うべきは、藩閥勢力を結集した内閣らしく、民党（自由党・改進党など野党）の意思といえども、取るべきものは採用し、取るべきでないものは断然排斥し、党派ではなく国家のために責任を取る内閣であるべき、と主張する。それでも政権を維持することができないなら、政権を民党に譲り、藩閥勢力は在野に下って国民の支持を集めて、再び政権を獲得することを目指すべきだ、こうしてこそ「真正なる政党の組織」も生まれ、本当の立憲政治が展開するようになるのだ、と原は論じた。

原が言うように、第二次伊藤内閣は、藩閥最有力者の伊藤首相（長州）に加えて、長州系の有力者では、財界に影響力を持つ井上馨（内相）・陸軍の実力者でもある山県有朋（法相、前首相）が入閣、薩摩系の有力者は、黒田清隆（逓信相、前首相）・大山巌《おおやまいわお》（陸相）が入閣し、藩閥有力者をほとんど網羅していた。

しかし、次項で陸奥から学んだものを論じる中で改めて触れるように、原の意見は現実離れしており、とても陸奥が採用できるものではなかった。

この理由は一つには、陸奥は伊藤内閣の外相として条約改正に意欲満々であったが、万一民党が組閣するようになれば、これが実現できなくなるからである。陸奥が外相に就任した後に、原に条約改正への意欲を伝えると、原は歴代の外相が不成功に終わったものを安易に着手するのは考えものである、と消極的であった。この点で、原は陸奥の腹心であるが、考え方には大きな差があった。陸奥が原に条約改正への協力を求めなかった大きな要因であろう。

もう一つは、一八九二年末段階の民党連合の政権担当能力の問題である。民党の幹部中で、太政官制内閣（大臣・参議）、あるいは一八八五年一二月にできた近代内閣の閣僚（大臣）や次官（太政官制内閣では参議でない卿および大輔・少輔）など高級官僚経験があったのは、改進党の大隈重信（参議兼大蔵卿・大蔵大輔など、外相）くらいであった。自由党の板垣退助は閣僚（参議）歴があるものの、二年三ヵ月と短いばかりでなく、次官などの高級官僚の経験はなく、行政能力があるとは思えない。実際、岩倉具視右大臣・大久保利通大蔵卿（参議ではないが事実上の閣僚）・木戸孝允参議ら有力者が岩倉使節団として渡欧中の留守政府では、財政や組織改革などを、大隈参議が板垣参議らをリードして推進していた（伊藤之雄『大隈重信』上巻）。

民党連合内閣ができたと仮定すると、大隈は首相か外相・内相などの重要閣僚となって担当官庁を掌握し、内閣を指導することができるが、他には閣僚を務められる人材がおらず、政府は大混乱の中で崩壊するのが目に見えている。その後、実際の藩閥内閣は一八九〇年代の後半に第二次伊藤内閣が自由党と提携したり、第二次松方内閣が進歩党（旧改進党を中心に形成）と提携したりする。その結果、板垣を内相、大隈を外相として入閣させたのみならず、政党員を次官・局長や知事などの高級官僚に就任させ、行政経験を積ませている。これは提携相手の政党内の就官欲を満足させ、藩閥政府の政策に政党側を妥協させるためでもあった。

以上の現実を踏まえると、フランス等で学習に励み、局長にもなる等の官僚経験を経てきたとはいっても、原の政権（権力）構想は観念的で未熟であったといえる。

それにもかかわらず陸奥外相は、第四議会において民党と伊藤内閣が対立すると、一八九三年一月に、その対立を緩和する目的で、原に命じて陸奥派の岡崎邦輔と連携して活動させている。外務省通商局長であった原の職域を越える任務である。陸奥が将来政党の党首になった場合に、原を第一の側近とすべく、教育しておこうとしたのである。

陸奥から学んだもの

原が陸奥から学んだものの一つは、政府を批判する民党への対応をめぐる、現実を踏まえた大局観である。それをつかむ機会は、右に述べた第四議会における第二次伊藤内閣と民党の対立から生じてきた。

民党が連携して製艦（戦艦建造）費を削減したことに対し、伊藤首相は明治天皇の判断を仰ぐ形で、一八九三年二月一〇日、政府と議会が「和協」するようにとの詔勅を出してもらった。対立の争点である予算を捻出するため、天皇は六年間にわたって内廷費から三〇万円（内廷費の一〇パーセント）と官吏の俸給一〇パーセントの納付によって補助するので、〔議会は製艦費予算を認め〕議会と政府は「和協」の道を探るように、というものであった。この結果、貴族院・衆議院は詔勅に従うとの奉答文を議決し、二月二六日に削減額を約三〇パーセントに減らした妥協予算を成立させた。伊藤内閣も、行政整理を行って政費節減をすることや海軍の改革を議会に約束した。

この「和協」の詔勅に対しても、原はあまり良い策とは思えない、と陸奥に批評を述べ、陸奥から、これは伊藤の発案なので「妄《みだ》りに批評」してはいけない、と注意を受けている（『原敬日記』）。

原は、万一民党が政権を担当することになれば、すぐに失敗することは予想していただろう。そうした過程を通して、民党が反省しながら政権担当能力のある政党に変わっていけば、政党政治に一歩ずつ近づく、と考えたのであろう。しかし原は、この時点で民党に政権を担当させれば、どれほど政治が混乱し、とりわけ条約改正など外交問題に悪影響をおよぼすかについて、考えが十分に及んでいないといえる。

このような原の未熟な見方は、後に述べるように、数年後、最初の政党内閣である第一次大隈内閣（隈板《わいはん》内閣）ができる頃には克服されている。陸奥による条約改正も含め、現実の政治の展開を見ながら、原はこの時点までの、大局観に欠けた自分を反省したと思われる。

もう一つ学んだことは、日清講和条約に対し、ロシアがドイツ・フランスを誘い、遼東半島を清国に返すように勧告した、いわゆる三国干渉への対応をめぐるものである。

イギリスはロシアの誘いに応じなかったものの、とりわけ海軍力を考えると、日本には三国を相手に戦う余裕は残っていなかった。そこで伊藤首相は陸奥外相や山県有朋陸相らと相談の上、一八九五年五月四日、三国の提案を受け入れ、遼東半島を放棄することを閣議決定した（伊藤之雄『伊藤博文』）。

ところが原の意見は、列強会議を開いてこの問題を決着させることであった。五月一日までに原は意見書を三回、陸奥外相に送った。しかし、陸奥は賛同しなかった。そのようなことをしては将来東洋の問題に必ず列強が干渉してくるようになる、と見たからであった。また、清国に対する問題とロシア・ドイツ・フランスに対する問題とを混在させて講和条約を破壊修正される恐れがあり、三国干渉を受諾して速やかに解決する方が日本の利益である、と判断したからでもあった（『原敬日記』）。

原は、陸奥や伊藤のように、この時代の列強が自らの利害を最大にするように行動することや、それを抑止するのはその行動に大きなコストがかかる場合のみであることを、十分に認識していなかった。イギリスは干渉に加わらなかったとはいえ、同盟を結ぶ対象ですらない弱小国の日本のために三国干渉に介入し極東で戦争のリスクを冒すことは、考えられない。この点で、列強と直接交渉した経験に乏しい原の列強観や国際政治観は、まだ甘い。それについても、義和団の乱後にロシアが満州から撤兵しなかったことへの列強の対応など（第三章）、数年かけて実際の展開の中で、甘さを克服していく。

すなわち、実際の政治・外交を通し、陸奥は内政・外交の大局観を原に示した。原関係で残された史料からわかることは、おそらく陸奥は結論と理由を原に明確に述べただけで、必要以上に詳細な説明を繰り返し言うようなことはなかったと思われる。陸奥は原の能力を評価しており、十分に学習して経験を積んだ原なら、いずれ陸奥の判断の真の意味がわかるだろうと確信していたのだろう。

なお、一八九三年に原が中心となり、外務省の行政整理が行われ、本省の四局を二局に削減するなどして、政費を節減した。これは、すでに述べた第四議会の「和協」の詔勅に伴う政府の行政整理の一環であった。

さらに、この整理を機会として、やはり原が中心となり外交官・領事館の制度を設定し、特別な試験制度を創設した。それは、外国語と日本語の高度な運用能力や憲法・行政法などに加えて、国際法も必須として、試験しようとするものである。また外交史も選択科目の一つに入れた。これらは、原自身の外務省での経験や、フランス公使館書記官時代の勉学が反映されている。

この試験制度によって、原は藩閥関係者や華族の子弟が情実で外務省に入るのを防ぎ、帝国大学を出るなど十分な専門教育を受けた、志の高い優秀な人材を選抜しようとした。この試験は一八九四年に第一回が実施され、少し変更されながら一九一八年の改正まで、二四年あまり続き、幣原喜重郎《しではらきじゅうろう》（後に外相・首相、大阪の豪農出身で〔東京〕帝大卒）ら日本外交を担う人材を入省させた。

農商務省の組織改革でも見られたように、原は現実に合わせて制度を合理的に改革することは得意であった。この点で、陸奥はそつなく仕事をする能吏としての原を安心して使いながら、それ以上の潜在能力を見出して期待したのである。

第三章

部数倍増の手腕

大阪毎日新聞を経営

一八九六年、全権公使として朝鮮国に赴任したころの原敬。写真提供・原敬記念館

陸奥との永別と新しい道

すでに触れたように、陸奥宗光は持病の結核が悪化し、原の勧めもあって一八九六年（明治二九）五月に外相を辞任した。陸奥は当時流行していた海気療法（船旅で海の空気を吸い結核を治す）を行うため、六月末にハワイに向けて出発し、八月半ばに少し回復して帰国した。

その直後、原は陸奥が外相に再任されて伊藤博文首相に単に協力するのでなく、伊藤のもう一人の腹心伊東巳代治《いとうみよじ》内閣書記官長（閣僚ではないが、現在の内閣官房長官にあたる要職）を免職にするのを入閣の条件とすべき、と陸奥派幹部の岡崎邦輔に手紙を書いている。

伊藤内閣と衆議院の有力政党自由党との連携は、陸奥外相と自由党幹部の星亨（自由党関東派）や和歌山県の陸奥派（岡崎邦輔が中心）のルート、伊東内閣書記官長と自由党幹部の林有造《はやしゆうぞう》・板垣党総理（自由党土佐派）ルートの二つがあったので、原は陸奥外相ルート一本にしようとしたのである。

これは、伊藤または陸奥が自由党の党首、もしくは自由党を基礎にした新政党の党首になり、政党内閣を作る段階に来た、と原が確信を持ち始めたからでもある。原の考えに陸奥も共鳴したようである。原はその政党に有力幹部として入党、総選挙で当選、いずれは伊藤や陸奥を継いで、政党内閣の首相になることを目標としたのである。
原は自ら希望して、六月一一日に朝鮮国公使（現在の大使）に任命された。前章で述べたように、このポストは次に外相就任も可能な重要ポストであった。朝鮮公使として赴任する前、かつ陸奥がハワイに向けた海気療法に出発する前、郷里盛岡に妻貞子を同伴して一五年ぶりに帰省した。近い将来総選挙に立候補する場合に備え、地元の状況を直接つかむためであろう。

その約二ヵ月半後に第二次伊藤内閣が倒れ、九月一八日に第二次松方正義内閣が成立し、大隈重信が自由党と並ぶ有力政党となった進歩党（旧改進党が中核）を率いて副首相格の外相として入閣した。原は大隈と肌合いが悪いので、朝鮮公使を辞任しようとする。

他方、伊藤内閣が倒れると、同内閣と自由党との提携をリードしてきた林有造や板垣総理ら土佐派への不満が自由党内で一気に高まった。それは、板垣が内相に就任したが、党員の求める就官が土佐派に偏って少しばかりあっただけで、他派の就官欲求が満たされないまま、伊藤内閣が倒れたからである。逆に伊藤が際限のない自由党からの就官要求を嫌ったことも、総辞職の要因の一つであった。

自由党内には、政策や条件が合うなら松方内閣や進歩党と連携していこうとするグループすら出てきた。このような自由党に大物の陸奥が入党し、党が安定するのは、大隈外相にとって脅威である。そこで大隈は、原に朝鮮公使を続けさせ、陸奥らの動きを封じ込めようとしたのであろう。原の朝鮮公使辞任を四ヵ月近くも認めなかった。

一八九七年二月下旬、原が朝鮮国公使の辞任を認められる頃までに、自由党の内紛は激化した。自由民権運動以来のリーダーで東北派の河野《こうの》広中《ひろなか》ら有力者数名を含め、一五名もの衆議院議員が脱党してしまった。その混乱を鎮めるため、三月九日、幹部の松田《まつだ》正久《まさひさ》（九州派）は、陸奥に自由党に入党し板垣に代わって総理に就任するよう要請した。これを知ったこともあり、混乱の責任を取る形で、この一〇日後に板垣は自由党総理を辞任する。

松田の要請に対し、陸奥は腹心の岡崎邦輔と中島《なかじま》信行《のぶゆき》（貴族院勅選議員）を自由党に入党させ、自らの入党への準備とした。中島は土佐藩出身で、陸奥にとって幕末に坂本《さかもと》龍馬《りょうま》が作った海援隊以来の友人であり、神奈川県令（知事）を経て、創立時の自由党副総理となるが、その後、自由党を離れ、陸奥外相の下で駐イタリア公使に就任していた。ところが不幸なことに、六月に入ると陸奥の病状が悪化し、自由党に入って党首になれるような状況ではなくなった（伊藤之雄『立憲国家の確立と伊藤博文』）。

その頃、大阪毎日新聞社（毎日新聞社の前身）では、学識経験と名声のある人物を新聞社の「総裁」として雇いたいと探していた。当時、同社は大阪朝日新聞社（朝日新聞社の前身）と並ぶ日本の最有力新聞社である。同社が原に就任を打診してきたので、原は一八九七年八月三日に本山彦一《もとやまひこいち》ら同社関係の有力者三人と会見し、新聞に関する一切の事務を原に委任する条件（三年契約）で、将来の社長含みで、まず編集総理として入社することになった。社長の高木《たかぎ》喜《き》一郎《いちろう》は同席していなかった。

陸奥の自由党総理就任が遠のいたので、原は外務省時代に深めた外交・内政への識見や組織管理と改革の能力、新聞記者時代の経験を生かせる申し出に応じたのである。また、再び外交官などの官吏に復帰するよりも、政党政治家を目指して、活動の幅を広げられそうであった。年俸も五〇〇〇円（現在の約一億一〇〇〇万円）と、好条件だった。

それから間もなく、八月中旬になると陸奥の容体が急変し、同月二四日に永眠した。享年五三。原は陸奥が死去した日の日記に、数年来公事でも私事でも相談しないことはほとんどなく、陸奥の意見は改めて聞かなくとも熟知している、と記した。

陸奥の死後も、その一周忌などの法要、未亡人亮子《りょうこ》の葬儀など、原は陸奥に関わる行事に欠かさず参列し、場合によっては陸奥への思いから遺族を指導したりした。原の日記には、山県有朋や大隈は当然のこと、伊藤・西園寺公望ら有力政治家への批判も数多く見られるが、陸奥への批判は一切ない。原は陸奥の死後何年経っても、陸奥の原への強い期待と好意、陸奥から学んだものの大きさと深さを感じながら活動していたのだろう。

私生活の転機

一八九六年（明治二九）九月に大隈が外相に就任し、原が外務省を辞めようと決意してから、翌年八月に大阪毎日新聞社に入ることを決め、陸奥が死去するまでの約一年間は、原の公的生活での大転機といえる。同じ時期に、原は私生活上でも大きな転機を迎える。

一八九六年一一月二〇日、原は妻貞子の京都行きを機会として別居し、離婚に向けて動く。一一月二三日には母リツが東京市芝公園の原の自宅に移ってきて、一九〇一年一〇月に盛岡の本宮村の旧宅に戻るまでの約五年間、滞在を続ける。一二月二二日には、三年来の馴染みであった芸者の菅野《かんの》浅《あさ》を芝公園の家に入れ、リツらと対面させた。浅は原の期待どおりリツと打ち解けて、気に入られた。

原と貞子はフランス公使館時代は良い関係であったが、一八九三年一一月頃には不仲になっていたことが、原の日記から確認される。貞子の浪費癖など様々な原因があるが、最大のものは、東京のお嬢さん育ちの貞子が、原の母リツや盛岡出身の親族・友人を軽んじるような行動を取ったことである。特にリツへの態度が、母思いの原には許せなかった。なお、一八九三年は原と浅が知り合った年であり、そのことが貞子の行動を促進した面もあるだろう。

結局、貞子は一九〇五年一二月まで離婚に応じなかったので、浅はそれまでは事実上の妻として原を支えた。原と浅は物の考え方や感覚が合い、生涯の伴侶となる。

新聞経営の手腕(1)国際政治・外交論

一八九七年（明治三〇）九月一六日、原は大阪に到着すると、大阪毎日新聞社に出社し、同日から編集総理として仕事を開始、同紙上に入社の抱負を掲載した。原は言う。

(1)立憲政治の主旨を誤って、多数党が横暴になり、人材登用と称して不適切な就官を促進している、(2)列強との関係も、日本の要求を貫くように装っているが、憶測で外交を行っているので、現実にはできておらず、日本を「危険」にさらしつつある、(3)このような内政・外交の状況では、日清戦争後にせっかく商工業が以前にないほど発達し始めたのに、前途が心配だ、(4)大阪毎日新聞は、「中立不偏の主義」を取り、政府に媚《こ》びず、「世の風潮」におもねらず、国家の富強隆盛を目指したい（『原敬全集』上巻）、と。

右の抱負で原は、政府の方針とは異なる国家の富強隆盛を促進するものがあることを言う。すなわち、かつて中江兆民から知った「公利」という概念、公共性の実現を論じているのである。公共性（「公利」）は、衆議院の多数党を与党とした政府であっても常に実現できるとは限らず、〔松方内閣は〕多数党の横暴に翻弄されている。原は「中立不偏」という立場が誤解されないように、あえて松方内閣の名を出さず、また「公利」や「公共」という言葉こそ使わないが、大阪毎日新聞は公共性の実現のために全力を尽くす、と宣言したのである。なお、この頃一般に使われ始めた「公共」という用語を原が使わないのは、この用語が主に都市整備など地域問題に関して使われる傾向があったからであろう。原は日本や東アジア地域・世界など、より広い視野で公共性を考えようとした。

翌年九月二七日に原は本山彦一とともに同社の専務取締役に選挙され、二人の専務取締役の一人として社長を務めることになった。約一年前の入社時の約束通りであった。その後、原は政党政治家になるため、伊藤博文が創立した政党、立憲政友会に入党し、一九〇〇年一一月二二日に同社を退社する。同社での三年あまりの間に、原は何を成し遂げ、学び得たのであろうか。

まず、原は同社の「信用」を増大させ、発行部数を三倍以上に増やし、同社を当時の全国一の新聞にする経営手腕を発揮した（『原敬関係文書』第六巻）。原は退職「慰労金」として、年俸と同額の五〇〇〇円を贈与されている。

原が同紙の読者を拡大するために行ったことは、第一にできるだけ正確な海外情報を集め、国際情勢、とりわけ東アジア情勢について、的確な見通しのある記事を掲載することであった。同紙は、ロンドン（イギリス人二人）、モスクワ（一人）、フランス博覧会（三人）、南アフリカ（一人）、北アメリカ（一人）、フランス領インドシナ（一人）、シンガポール（一人）に特派員や記事執筆者を配置していた。また、インド・オーストラリア・南北アメリカ・欧州にも多くの匿名社友がいて、以前から通信を送らせていた。清国・韓国（一八九七年一〇月に朝鮮国号を大韓と改める）の重要地点には、多数の特派員を置いていたが、北清事変が起きるとさらに数人を増派し、清国に八人、韓国に七人、ウラジオストクに一人が派遣されている形となった。それ以外に、臨時の記事執筆嘱託者もいた（『大阪毎日新聞』一九〇〇年七月九日）。北清事変とは、清国で排外主義の団体である義和団の乱が拡大し、一九〇〇年六月に北京の公使館区域にまで迫ったので、公使館員・居留民らを守るため、列強が共同出兵して八月に救出した事件である。

　北清事変の二年数ヵ月前から、ドイツが清国の膠州《こうしゅう》湾を租借し、ロシアが旅順《りょじゅん》・大連《だいれん》を租借するなど列強の中国分割の動きが始まった。日清戦争で日本に簡単に敗れた清国を、列強は弱い国とみなしたからである。

　この清国の状況に、一方で、日本は清国が分割されないよう助けるべき、との議論が起こっていたのに対し、原は、北清事変の約一年余り前、一八九九年三月段階で、その方法・手段について一つも示さず論じるべきでない、と批判した。その上で、次のように朝鮮も含めた対応策を論じた。

まず清国は国が大きすぎ、政府と人民の連携ができていないので、列強の侵略を免れることはできないが、当面は、列強が清国の土地を占領できても一部分であり、清国がにわかに消滅することはないととらえる。さらに原は、日本は、朝鮮に関しては、ロシアと勢力均衡を保たねばならず、清国に関しては、ロシア・フランス・ドイツを一方とし、イギリスと日本が他の一方となり、勢力均衡を保たねばならない。その勢力均衡を保つことができれば、東洋の平和は維持されるので、とりわけロシアの挙動には注意し、冷静な対応をする必要があると見た。また、北清事変が起きると、日本は列強と共同行動を取り、当時の国際社会で列強と同列の国であると認めさせることを主張した。

列強間の勢力均衡による平和という点で、まったくブレがない。東アジア情勢についての原の見通しと対応策は、この数年後に起きる日露戦争までの過程を知っている私たちが見ても、極めて的確なものといえる。

このように現実に即して対外情勢をとらえる一方、原は国としての清国や韓国のあり方には批判的であったが、植民地化の対象として扱わず、それぞれの人民を見下すこともなかった。さらに、日本が各「文明国」（列強）と対等の位置に立ったなら、「諸外国人」に幸福の差がないようにすべき、とも論じていた（『原敬全集』上巻）。これは国際関係における公共性の実現への理想といえるものであろう。

原らの『大阪毎日新聞』の論は、日本の国力を踏まえて現実的で一貫性があり、しかも理想を持っていた。当時、新聞を購読する実業家、大・中規模の商店主、地主、弁護士、医者、官吏、教員など学識ある中産階級以上の人々は、その論調を信頼するようになったのであろう。これが購読者を増やした一因と思われる。

新聞経営の手腕(2)国内政治・経済論

原は大阪毎日新聞の読者を拡大するために、第二に、日本にイギリス風の政党政治を実現すべきとの論陣を張る。その一方で、陸奥が成功した条約改正が一八九九年に実施され、「内地雑居」になる（外国人が日本国内で自由に居住し旅行し、商取引や投資ができる）ので、外資を導入して日本経済を発展させるべき、と論じた。また、厳しい東アジア情勢を考慮し、国力相応に軍備を強化すべきとも主張した。それが列強間の勢力均衡を保証し、東アジアの平和につながるからである。

さらに原は、官僚時代の人脈を生かし、政界の転機には要人と直接会って、政局を予想し記事に反映させた。それを一八九八年六月に第三次伊藤内閣が総辞職し、同月三〇日に第一次大隈（隈板）内閣が、自由党（板垣退助が党首格）・進歩党（大隈が党首格）を合同した憲政党を与党にして発足する政変を例に見ていこう。憲政党は衆議院の圧倒的多数を占め、伊藤内閣を倒したのである。

この時に大阪にいた原は、六月二五日夜と翌日朝にかけて伊藤内閣総辞職の電報を受け取ると、同日に大阪を出発、十数時間かけて東京に着く。六月二八日に山県、七月二日に松方、四日に伊藤と前首相でもある三人の元老を訪れ、内閣更迭に関する話を聴き取り、四日夜に伊藤邸のある神奈川県大磯を出て、五日に大阪に帰着する（『原敬日記』一八九八年六月二六日〜七月五日）。

元老とは、慣例により後継首相候補者を天皇に推薦できる、数人の有力政治家の集団である。天皇は元老が推薦した候補者を後継首相に任命するのを常とした（伊藤之雄『元老』）。当時の有力紙の関係者のうち、このような面々と会見ができるのは、原くらいしかいない。

これらの会見で原は、⑴山県も松方も伊藤が政党を組織して政権を担当することには反対であること、⑵また二人は第一次大隈内閣ができるよう伊藤が苦し紛れに行動したことに批判的であったが、この内閣がすぐに倒れるとは考えておらず〔また山県・松方が大隈内閣を直ちに倒そうと策動することはなく〕、内閣が何らかの大変動が生じても対応できないのではないかと心配していること等を知った（『原敬関係文書』第六巻）。原も、第一次大隈内閣を成立させることになった伊藤の行動を、批判的にとらえていた。

原は七月四日から一四日にかけて、「政党内閣」と題した論説を『大阪毎日新聞』に連載する。それは、元老との対談の一部を暴露してかれらの信頼を損なうようなものではないが、大隈内閣を批判的に見つつも、長く存続することを前提としていた点で、元老たちとの会見を活かしていた。

その論説で原は、大隈首相・板垣内相らは「純然たる政党内閣」と吹聴しているが、自由党・進歩党・藩閥の連立内閣にすぎない、と批判する。藩閥との連立内閣という批判は、同内閣は、伊藤が天皇に依頼して天皇の勅諭という形で、桂太郎《かつらたろう》陸相（山県有朋系）と西郷従道《さいごうつぐみち》海相（薩摩系）を留任させて成立したからである。当時、まだ陸・海軍大臣はそれぞれの現役の中将もしくは大将がなるという法令がない（陸軍の長老でもある山県内閣の下で一九〇〇年五月に成立）。そこで原は、陸・海軍大臣は行政官であり、必ずしも武官でなければ任命できないことはなく、内閣更迭と同時に更迭すべきものである、とイギリスの政党内閣を理想として批判したのである。山県（長州）と松方（薩摩）が同内閣に批判的で、伊藤もやむを得ない措置として同内閣成立を助けた真相をつかんでいたので、それを織り込んだ批判であった。

また同様の観点から、同内閣には多少有能な閣員もいるが、多くは普通の人で、その下に至っては就官熱の結果任命されただけなので、ほとんど論じる必要すらない、と原は批判する。大隈内閣の閣僚と内閣書記官長の合計一〇名のうち、閣僚はおろか公使や次官にすら就いたことがなく、官僚を統制する行政経験がない者が半数もいること等を、原は批判しているのである。

しかし原は、大隈内閣が一歩でも真の政党内閣に近くなるよう、その主義によって国政にあたることを望む、とも論じる。これは成立直後の内閣を公平な視点で評するとともに、それなりに存続しそうだとの元老たちから得た感触から、日本の将来を心配してのことであった。これらも読者拡大に寄与したであろう。

新聞経営の手腕(3)庶民に近づく

原が読者拡大につなげた第三の方策は、読みやすい紙面にするため積極的な改革を行ったことである。それは、新聞は多数の人に読まれることを前提とし、また多数の人に読まれなければ、どのような議論を主張したところでその論旨を貫徹することはできない、という考えからであった。当然のことながら、テレビ（一九五三年二月にNHKが初めて本放送を開始）もラジオ（一九二五年七月に東京放送局が初めて本放送開始）もなかった当時、新聞は唯一のマスメディアとして成長しつつあった。原はその本質をよくとらえていたのである。

原は文章改革に努めた。なるべく漢文調から言文一致体に近づけ、漢字を減らす。旧来のふりがなは実際の音声と一致していなかったので（たとえば、欧は「おう」だが、桜は「あう」、横は「わう」、翁は「をう」と区別して表記していた）、音声に一致させて統一する（この例の場合はすべて「おう」とする）ことである。原は一九〇〇年一月から四月にかけ、文章改革の趣旨を連載した後、実施していった。

　第四の方策は、大阪毎日新聞の読者に懸賞投票をさせて、読者の興味を煽《あお》り、購読者を増やすという、通俗的な作戦である。一九〇〇年一月には、東京回《え》向院《こういん》大相撲の一月本場所の優勝力士を予想する投票（優勝力士に五〇〇円〔現在の約七五〇〇万円〕の化粧まわしを贈呈し、それを当てた人の中から一〇〇名に賞品として化粧まわしの縮図や本金塗りの杯などを進呈）を行った。続いて二月には、素人義《しろうとぎ》太夫《だゆう》の人気投票を行い、その後も全国俳優（歌舞伎など）懸賞投票を、老練と青年の二部に分けて実施するなどした。

　この結果、ライバルの大阪朝日新聞は、部数で大阪毎日新聞に追い詰められ、一九〇〇年六月一日からの紙面で、懸賞投票の流行は「新聞紙の堕落」である、と大阪毎日新聞を公然と批判するようになった。これに対し原社長自身が反論を書き、六月半ばまで互いの誹謗《ひぼう》合戦が続いた。

　大阪毎日新聞は、一八九九年においても、一年で二万部余りも販売部数を増加させ、株主には年二割五分もの配当をしており、これは原による外交・内政の記事の向上によると推定される。しかし一九〇〇年に入り、読みやすい紙面改革や懸賞投票を行ったことが発行部数のさらなる増加につながったことは間違いない。同紙は一時間に二万部を印刷できる輪転機三台では追いつかなくなり、七月下旬までにさらに一台増設するようになった、と誇らしげに報じている。

政党政治家への野心と不安

すでに述べたように、原は朝鮮国公使として赴任する前、一八九六年六月に盛岡に久しぶりに帰省して総選挙に立候補する感触をつかもうとしている。その後、大阪毎日新聞の社長として新聞経営に手腕を発揮している間も、原は政党政治家への道を探り続けた。

それに関し、大阪毎日新聞に入った原が注目した人物が二人いる。一人は元老の伊藤であった。陸奥の死で庇護者を失った原は、伊藤の大磯邸を訪問するだけでなく、伊藤が関西を訪れると複数回も訪ねていくなど、伊藤との関係構築に尽力した。

もう一人は星亨（前駐米公使、旧自由党系の憲政党の実質的指導者）である。星は、元老山県・松方と同様に原自身も長く続きそうだと見た第一次大隈内閣（隈板内閣）を、四ヵ月ほどで倒した張本人である。星は、旧自由党系と旧進歩党（改進党）系の寄り合い所帯の憲政党内閣は政党政治の発達にとって百害あって一利なしと考えた。そこで駐米公使の辞表を大隈外相（首相兼任）に送り付けて帰国し、憲政党が旧自由党系（憲政党）と旧改進党系（憲政本党）に分裂するように仕向け、内閣を倒した。

第一次大隈内閣の後、一八九八年一一月に第二次山県内閣が山県系官僚を中心に成立した頃、原は星の動きに注目していた。一一月下旬の日記に、以下のように記している。神戸で伊藤が星に山県内閣を助けて「上下の信用を得る」のが得策だと勧めたことで、星が山県内閣への無条件提携を最終的に決意したようである。また、憲政党は伊藤をほとんど将来の「総理」（党首）として仰いでいるようである、と。

その後、翌一八九九年四月中旬、原は元老井上馨（前外相・蔵相）から、山県首相からの依頼として駐清公使就任を求められた。井上はかつて原の庇護者であった。駐清公使は外相に次ぐ重要ポストで、就任に応じたなら、山県内閣か将来の山県系内閣で外相になれる可能性もあった。しかし原は、大阪毎日新聞社の都合を理由に断った。原は伊藤の新党に入る機会を待ったのである。

同月、伊藤は長野市を皮切りに、いよいよ新政党創立を訴える遊説を始め、各都市で大歓迎を受けた。憲法を制定して一〇年になるにもかかわらず、立憲国家を支える政権担当能力のある政党が生まれてこないので、自ら創設しようとしたのだ。その際、これまでの政党が地主を基盤としたものであったので、日清戦争後に台頭してきた各都市の実業者

（商工業者）層をも組み込もうとしたのである。伊藤は第三次内閣を組織した時以来、実業家層の多い都市部に優先的に議席を配分する選挙法改正も試みていた。

五月九日に伊藤が大阪へ遊説に来ると、原は翌一〇日、伊藤に同伴した。記事の取材という以上に、伊藤の新党創設への関心からであろう。他方、同年八月から翌年にかけて、原は疎遠になっていた元老井上馨との関係を復活させようと、度々会見する。伊藤と井上は、幕末にイギリスに密航したり尊王倒幕運動に参加したりした以来の親友であり、これも伊藤新党がらみの動きといえる。

その中で、原が政界入りについて不安を感じていたことを示す、興味深い事実がある。貴族院勅選議員に推薦されるよう山県首相に依頼してほしいと、一九〇〇年二月と九月の少なくとも二度にわたって、井上に頼んでいることである（井上馨宛原敬書状）。貴族院勅選議員は建て前としては天皇が選んで議員に任命した者で、終身議員でいることができる。次官やそのクラスの古参官僚が現役引退の代わりに就いており、欠員が出た際の選定の実権は、首相や首相に影響力のある元老にあった。

原は外務次官や駐朝鮮国公使の経歴があるので、山県首相さえその気になれば、天皇に推薦して、任命してもらうことができる。しかし、駐清国公使就任を断っておきながら、同じ内閣で貴族院勅選議員になることを求めるのは、緻密な原にしては虫がよすぎる行動である。また、いったん勅選議員になってしまったら、天皇から辞退の許可を得ないと総選挙に立候補できないので、衆議院議員になるのは困難になる。

原ですら、総選挙という新しい勝負に勝つことに、大きな不安を感じていたことがわかる。長期的な原の活動を考えれば幸いなことに、山県首相は原を勅選議員に推薦しなかった。

この間、一九〇〇年六月に入ると、星が率いる憲政党（旧自由党）が伊藤新党に参加を決めたので、七月中に党の主義や組織の構想が固まっていくなど、新党構想は急速に進展した。

七月二三日と二七日に、原は伊藤に面会する。特に二七日は会見が数時間に及び、新党に関する詳細な説明を聞き、尽力を求められ、組閣の際は入閣させると暗に示された。当時の閣僚ポストは、陸・海軍大臣以外に首相を含め八名であるので、原は新党の最高幹部の一人にすると、伊藤から暗示されたのである。

八月一六日、原が伊藤の求めに応じて訪問すると、新党の主義綱領その他を内々で見せられ、新党組織に関する一切の「事務」を担当してほしい、と依頼された。一七日には、原は井上馨と実業家の勧誘や新政党の資金に関してじっくり話し、一八日に伊藤と協議の上、さらに井上と相談した。井上は維新後に大蔵省の高官を務めた後、日本各地の起業にも関わっていたので、関西財界にも元来影響力を持っていた。それに加えて、原の大阪毎日新聞社の社長としての関西財界とのつながりも、役に立ったのである。ところが、大阪毎日新聞社の後始末問題があり、伊藤と相談の上、原はしばらく入党せずに同社の経営を続けることになった。

第四章
選挙は国家の公事である
政友会のリーダーへ

一九〇一年、四五歳のころの原敬

政友会に入党する

一九〇〇年（明治三三）九月一五日、一四〇〇人余が出席して、伊藤新党である立憲政友会の発会式が帝国ホテルで行われた。伊藤が総裁となり、総裁を補佐する最高幹部である総務委員一三名が伊藤から指名された。

一三名のうち、伊藤系の官僚と実業家が計七名で、過半数を占めた。伊藤の後継者格の西園寺公望（前外相・文相、公家）・末松謙澄《すえまつけんちょう》（前逓信相、伊藤の娘生子《いくこ》の夫）・金子《かねこ》堅太郎《けんたろう》（前農商相）らである（原は未入党で含まれず）。

政党からは憲政党（旧自由党）系の星亨（同党系の実力者、前駐米公使）・松田正久（前蔵相）・林有造（前逓相）の三名と、憲政本党（旧改進・進歩党）系の尾崎行雄《おざきゆきお》（前文相）ら三名の計六名であった。

また総務委員ではないが、伊藤の盟友で元老の井上馨（前外相・蔵相）、腹心の渡辺国武《わたなべくにたけ》（前蔵相）の二人も入党した。

原と折り合いの悪い伊東巳代治（前内閣書記官長、農商相）は、新党の準備過程で、伊藤が伊東と星を同格に扱ったことにつむじを曲げ、政友会に参加しなかった。伊東は政党政治への明確な理念がなく、政党を藩閥勢力が利用する対象としか見ていなかったので、原にとって幸いであった。

政友会発会式の際、衆議院議員定数三〇〇名中、政友会員は一五二名と過半数に達した。このうち一一一名が憲政党員（旧自由党系）であり、約七三パーセントを占めた。これは、憲政党員（旧自由党系）は自動的に政友会員になるとされたからである。政友会は、旧自由党系に伊藤系官僚を加えて成立したといえるが、地方都市の実業家たちも、政友会にかなり参加したようである。ただ、伊藤や原にとって残念なことは、山県が伊藤の政党結成に反対だったこともあり、三井・三菱などの最有力実業家たちが中立を守って政友会に入党しなかったことである。

帝国ホテルで開かれた立憲政友会の発会式

政友会の綱領や発会式での伊藤の演説から、以下のような同党の目標がわかる。(1)「憲法政治」（立憲政治）の完成を目指す、(2)列強と協調し、国防を充実させて日本の安全保障を確かなものとする、(3)教育を振興し、農商工業や航海・貿易を盛んにし、交通の利便を増し、経済の面で国の生存の基礎を強める、(4)秩序と規律ある政党を育成する、⑸官吏の任官・昇進の評価をしっかりと行い、行政の機能を完全にする、⑹地方自治を振興して地域の団結を図り、社会経済上の「協同」を完全なものにすること。

これらは、原が目指してきた、日本にイギリス風の立憲政治（政党政治）を形成し、国民の力を結集して経済力を強めること、また、国力に相応した軍備などを背景に列強との勢力均衡を目指す協調外交を展開し、東アジアの平和を守ること、遠い将来の目標として国内、次いで東アジアや世界にも公共的な秩序を形成すること、を反映したものといえる。前章までに述べたように、伊藤と原の意見は元来近いものだったし、政友会の組織過程で原が伊藤から意見を求められていたので、当然のことである。

創立時に原が違和感を持ったと思われるのは、伊藤が総裁専制主義を唱えたことである。伊藤は政党の発達がまだ十分でないと見ていたからである。伊藤は、組閣の際に閣僚の任免について政党から関与されたくなく、閣僚も同様に活動について政党から関与されるべきではない、と考えていた。そのため伊藤が総裁時代の三年近く、最高幹部になっていく原や西園寺公望・松田正久にも相談せず、勝手に政府との妥協方針を決めるなどしたことは、原をいら立たせた。

話を政友会創立直後に戻すと、山県首相は、軍備拡張予算を確保するための地租増徴や、陸・海軍大臣を現役の中将もしくは大将に限定する官制改革など、主な政治目標を達成したので、勇退を考えていた。ところが、北清事変が起きたため内閣を継続した。しかし伊藤が政友会を創設し、その基礎が固まらない時期に、北清事変が一段落したことを理由として、山県は強い辞意を表明して伊藤を後継に推した。明治天皇は伊藤への期待もあって、伊藤に組閣を命じた。

こうして一九〇〇年一〇月一九日、政友会を与党とする第四次伊藤内閣が成立する。しかし原は入閣できなかった。原はそのことを、内閣発足の六日前に西園寺から聞いた。西園寺はすでに伊藤を詰問し、次に欠員ができたら原を入閣させるなどの約束までは取り付けていた。原にとっては「意外千万」で、旧憲政党幹部の四人を入閣させざるを得なくなったことと、渡辺国武（前蔵相）の「強迫を恐れ」て蔵相に任命し、元老松方正義の頼みで加藤高明《かとうたかあき》（前駐英公使）を外相としたためで、伊藤は意志薄弱だ、と原は憤懣を日記に書いた。

原には閣僚になる潜在能力も自負心もあった。しかし、陸・海軍大臣を除く九人の閣僚中七人が、閣僚経験者であった。他は憲政党の実力者の星亨逓信《ていしん》相と元老松方が推薦した加藤外相だけである。格式面で、原が他の閣僚を圧倒しているわけではなかった。

結局原は、大阪毎日新聞社を退社後、一二月一九日に党の総務委員兼幹事長に就任したに過ぎなかった。当時の閣僚と党役員の関係は閣僚が上位で、党有力者がすべて入閣したので、原は最末端の入閣者に次ぐ存在にすぎない、ということになる。党の選挙指導や政治資金は、党首か、党首と最有力幹部が扱っていたので、幹事長は党の会計主任といった役に過ぎず、原はむしろやりたくなかった。

原にとって不快極まるこの過程において唯一の救いは、伊藤の後継者とみなされ副首相格の班列大臣（現在の無任所大臣）として入閣した西園寺が、原のために親身になって動いてくれ、二人の友情が深まったことである。

自らの決断で基盤を作る

一九〇〇年（明治三三）一二月に始まる第一五議会を前に、東京市会の汚職事件（東京市会疑獄事件）に星亨が関係しているとして、貴族院からの批判が強まり、星は逓信大臣を辞任する。こうして一二月二二日、原が逓信大臣に任命された。一八八五年に近代的内閣制度ができてから数多くの大臣が誕生していたが、その出身地は薩長、次いで土佐・佐賀などが多く、原は東北出身の初めての大臣であった。

逓相とは、鉄道・電信・電話や船舶の航路・灯台などを管轄する逓信省の大臣である。鉄道の建設や陸路と海路の連絡については、原は二五歳の一八八一年から強い関心を持っていた。また大臣に就任したことで、原の党内の地位は高まり、総選挙でも有利になる。

第一五議会では与党政友会が衆議院の過半数を制していたので、予算案は衆議院を無事通過した。しかし貴族院は、第四次伊藤内閣に、政友会を背景とした政党内閣色の濃い内閣であるとして、反感を持っていた。実際、政党に入党できない陸・海軍大臣を除いた閣僚は、加藤外相以外は政友会員であった。また、貴族院では政党嫌いの山県有朋を盟主とする山県系官僚閥の勢力が強くなりつつあった。

このため貴族院は、北清事変の臨時経費を埋め合わせるための増税案を否決しようとした。事変の経費は先の山県内閣が支出したものであり、明らかに伊藤内閣への嫌がらせであった。

閣内では加藤外相らがイギリス流に衆議院を解散し（貴族院は解散できない）、総選挙で勝利して、国民の支持を得たという形で、増税案の通過を貴族院に同意させるべき、という原則論を述べた。

しかし原逓相は、イギリスの立憲君主制を理想としつつも、政友会の基礎がまだ強固でないと解散に反対し、現実的対応として、まず議会を停会すべきと主張した。結局、原の意見の方向で解決がなされることになり、議会は停会され、最終的に天皇の詔勅の力で妥協が成立し、増税案は可決された。原の担当である逓信省関係の予算も、満足な形で通過した。

原は大臣として初めての議会を乗り切り、閣内で存在感を示したのである。ところが、議会終了後、渡辺国武蔵相が伊藤首相に一九〇一年度の公債を使う政府事業をすべて中止すべきとの意見書を提出した上、四月五日の閣議で同様の提案を突然行った。経済状況が厳しく、公債を発行する見込みがないというものであった。渡辺は組閣時にも、蔵相に就任できそうもないと見ると脱党を口にして、党を混乱させた問題ある人物だった。

政友会は創立に際し、鉄道・道路・港湾などの建設・改良などを地域の公共事業として訴えて、地方の実業家たちの入党や支持を得ていた。また交通の利便を増すことは、党の綱領でもあった。そもそも第一五議会で予算が可決された公債支弁事業もあった。公債を使う事業をすべて中止すれば、早々とそれらの公約を破るのみならず、議会に対する閣員の責任論すら浮上しかねない。

原逓相や他の閣僚は、渡辺の提言を極端なものだと考えた。原が他の閣僚と違うのは、閣議後に、逓信省幹部を招き、逓信省に限らず公債を財源とするすべての事業を中止した場合と、後年に実施するよう繰り延べした場合の支出の調査を命じ、対案を作成したことである。

四月七日の閣議において、伊藤首相が渡辺蔵相の方向を支持する発言をした。そこで原は、辞職すら暗示しながら、先の調査にもとづき、すべての省の公債支弁事業を中止した結果必要となる支出が二五〇〇万円（現在の約三七五〇億円）、事業繰り延べの結果必要となる支出が二〇〇〇万円であり、繰り延べの方が五〇〇万円少ないと論じて、繰り延べという妥協を提案した。閣議は、原の提案通りに決まった。

ところが、その後も渡辺蔵相は公債を整理すべきと主張して、事業を繰り延べして将来に実施する姿勢を示さないので、原は副首相格の西園寺や党人派の実力者星と四月二〇日頃までに連携を深め、閣議決定を守るように活動した。また二六日以降、加藤外相・末松謙澄内相や党人派の松田正久文相・林有造農商相らの支持も得、閣内で渡辺を孤立させていった。結局、伊藤内閣はこの対立が主な原因で、五月一〇日に総辞職する。

すでに述べたように、政友期の創立時に、それまでの経歴から見れば、原は党の最有力者の一人というわけではなかった。しかし、原は政党と国民の公約という原理原則の立場を尊重し、渡辺蔵相問題で主導権を発揮したことで、旧憲政党系の党人派からも信頼を得、党内の地位を著しく高めた。

政友会の実力者となっていく

伊藤内閣の後継は、山県系官僚の桂太郎（前陸相）が山県を後見人とし、山県系官僚を中心に組閣した。ところが、この内閣ができて二〇日もたたないうちに、党人派の実権者星亨が暗殺されてしまった。原は日記で、星は「剛腹」で「常に強硬」な態度を取り「政友会の真に柱石」であったので、政友会にとって非常に損害である、と突然の死を惜しんだ。

伊藤内閣が倒れた時から、原の友人西園寺は班列大臣と兼任で務めていた枢密院議長専任となった。枢密院は、天皇の諮問に応じて、憲法などの法律解釈や条約の批准の可否を審査する重要機関で、議長は首相に準じる地位があった。議長をはじめ枢密顧問官は、政党に公然と関わることができないのが慣行であった。

このため、星の死によって、政友会の最高幹部は非常に弱体化するかに見えた。それを埋めたのが、原であった。原は、初期議会の自由党以来の党人派幹部であった松田正久（九州）と連携して、一九〇一年秋には二人による党の指導体制を定着させた。この結果、伊藤総裁が一九〇一年九月から翌年二月まで、米欧旅行のために日本を留守にしても、桂内閣の政友会切り崩しを防いで、党勢を維持できた。

渡辺蔵相問題で見られたように、原と松田の党指導体制は、単に伊藤総裁を補佐する体制ではない。国民を代表する政党人としての原則から、時には伊藤総裁と対立しながら、妥協もしつつ、政党側の要求を呑ませていく体制であった。

また、原と松田の関係は、原が松田の顔を立てながら常に主導権を持つ形であった（西山由理花『松田正久と政党政治の発展』）。

盛岡選挙区への姿勢

原は一九〇二年八月一〇日の第七回総選挙に、盛岡市選挙区（定員一名）から初めて立候補し、圧勝する。その際の原の選挙区民に対する姿勢から、原は国家と政党・国民の関係がどうあるべきと考えていたのかを見てみよう。

一八九八年八月に第六回総選挙が行われていたので、選挙法上、衆議院の解散がなくとも四年後の一九〇二年八月には総選挙が実施されることになっていた。

当時は一定額以上の納税をしている男子のみに選挙権がある制限選挙であったので、盛岡市選挙区の有権者は、大・中規模の商工業者（呉服・小間物・米穀・生糸・薬種など）を中心に、鉱工業者（鉱山・請負・建築・製造・印刷など）・地主・料理店主など、計三一六名であった。政友会にはわずかしか入党していなかった。

盛岡市長清岡等《きよおかひとし》は、総選挙に立候補しようと、前年一〇月に市長を辞任していた。その直後に原は、東京の原の家に五年間滞在した後盛岡に帰る母リツを送りがてら帰省した（第三章）。前逓相の政友会有力幹部として、原は清岡に政友会入党を勧め、そうしないなら盛岡市選挙区に政友会員を立候補させると警告した。しかし、清岡自身やその支持者たちは、政党を農村部すなわち地主中心のものととらえていた。清岡は政党から自立して、他の都市とも連携しながら、都市としての利害を主張しようと考えたので、入党しなかった。清岡の選挙地盤はかなり強固に見えた。

原には、生家のある本宮村を中心として、郡部選挙区から立候補する選択肢もあった。しかし、勝算がないわけではないとのことで、一九〇二年四月半ばに、盛岡市選挙区から立候補することを決断した。少し冒険をすることになるが、原の勧告に従わない清岡にけじめをつけるためである。こうして選挙戦は、原と清岡の一騎打ちとなった。

原派の中心は宮杜《みやもり》孝一《こういち》（盛岡市会議長、弁護士）ら盛岡市の政友会員有力者と、藩校「作人館」以来の親友である阿部浩（千葉県知事）に切り崩された小野《おの》慶蔵《けいぞう》（盛岡市議、旧清岡派、地主、盛岡銀行や第九十銀行取締役）らであった。他方、清岡派は村井《むらい》弥兵衛《やへえ》（盛岡銀行取締役会長）など、「富豪」が多く、岩手県庁は表面上中立であったが、山県系の北条《きたじょう》元利《もととし》知事は、実際には清岡派に便宜を図った。

原は政友会有力幹部の一人であるので、盛岡選挙区にあまり行っているわけにはいかなかったが、盛岡に滞在した際の六月七日と一〇日の集会で、原が行った演説の特色を探ってみよう。

第一に、国際環境の変化に目を向け、欧米に負けないように尽力すべきと訴えたことである。原は一八九四年の条約改正、日清戦争の勝利、北清事変などに言及し、日本は立憲政治と国力を発展させ、列強と「対等」の地位に立つことができたが、国力や人智発達の程度は及ばないところが非常に多い、と論じた。

第二に、国家やその中での立憲政治・政治家・国民のあるべき理想を正面から訴えたことである。政治家のみが国家に対して義務を尽くすのではなく、どのような職業・地位にあっても、〔たとえ選挙権がなくても〕国民は残らず国家を重視しなければならない、と論じる。また、国民の意思を発表する場所は議会の他はないので、議員一人一人が「善良」であって議会をよくすべきである、と国民の意思を代弁する政治家の倫理と志を重視した。

第一と第二において、大阪毎日新聞時代の外交論と同様に、帝国主義の厳しい時代の中で、日本の安全保障のため国家の存在を重視した。しかし、その国家は藩閥勢力など一部の意思を反映したものではなく、議会と政治家を媒介に、多くの国民の意思を反映したものであるべき、とみた。すなわち、原は「公利」や「公共」という用語は使わないが、より公共性のある国家にすべきとの主張をしているのである。

第三に、旧来の原を対象とした多くの著作は、原が各地方への個別の鉄道建設などの地方利益を唱えて選挙民の支持を得ようとした、と論じているが、この演説で鉄道建設などの事業の実現を訴えて支持を拡大しようとは、一切していないことである。また、原は鉄道建設などで、有権者の中心である地方有力者（名望家）の利益の実現を目指した、とする著作もあるが、それも階級史観に強く影響されすぎた見解で、原を矮小化《わいしょうか》するものにすぎない。

この当時、盛岡には日本鉄道（上野－青森間、後に国に買収され東北本線）は営業していたが、盛岡市を起点とする支線の建設は、市の発展と関連付けて市民の関心事であった。それは、盛岡から宮古もしくは山田に達する線（盛岡と三陸海岸を結ぶ）、および盛岡から鹿角《かづの》を経て大館《おおだて》に達する線（盛岡と秋田県を結ぶ）等である。この総選挙において、原の対抗馬の清岡は、二つの線のうち後者を早期に着工することを主張している。

原が鉄道建設促進を主張しなかったのは、渡辺蔵相問題で見たように、ロシアに対する軍備拡張の必要もあって、日露戦争前は非常な財政難であったからだ。建設費用とそれによって得られる経済利益のバランスを考慮すると、盛岡を経由する東西いずれの東北横断線も、当分は実現の可能性がなかった。それを取り上げて盛岡市民を煽るのはよくない、と考えたのであろう。

第四に、原は盛岡市や東北地方が日本の他の地域に比べて停滞していると論じ、各人が自立心を持って創意工夫し、新しい産業を起こす努力をするよう求めた。第三で述べたように、今回、原は鉄道建設については言及しないが、たとえ経済状況が好転して、官営鉄道を建設できるようになっても、地域に自立心がなければ、それは地域の発展に役立たない、と見る。自立心を重視するのが、青年期から原に一貫している考え方である。

さて、盛岡市選挙区では、八月一〇日の投票の結果、選挙戦前の勝ったとしてもかなり苦しい勝利になるとの予想を大きく裏切り、原は一七五票を得て、九五票の清岡に圧勝した。その一つの要因は、東北初の大臣になっても偉ぶらない、原の気さくな人柄である。選挙戦初期の五月下旬から、原の呼び方は「原先生」ではなく「原サン」だった。その原が、公共性のある国にしていくことが盛岡地域の発展の一歩だ、との真っ当な話をして、有権者の心を打ったからであろう。清岡は盛岡市の旧来の伝統的な有力者層を軸に票を集めようとしたが、そこであまり発言力を認められていなかった層が、地域の再生を求めて原を支持したのである。

この総選挙で原は岩手県における政友会の地盤も強めた。それまで岩手県では定数五名のうち政友会系は二名しかいなかったが、新選挙法で定数が六名になったうち三名に増加させたのである。全国的には、政友会は財源難の中で明確なスローガンを打ち出せなかったが、若干勢力を減退させたものの、衆議院の過半数を維持した。政友会のリーダーとして初めての総選挙は、成功だったといえる。

選挙は「国家の公事」だ

この一九〇二年総選挙後、八月一三日に原派が企画して「有志大懇親会」を開いた。会費が五〇銭（現在の約八〇〇〇円）とやや高めであったにもかかわらず、会場の盛岡市の「杜陵館《とりようかん》」には四〇〇人ほどの人が来会した。盛岡市の有権者が三一六名で、投票総数は二七二であったことから、「大懇親会」には、納税額が少ないため選挙権のない盛岡市の住民で原に好意を寄せる人々も、彼らにとってかなり高い会費にもかかわらず参集したと推定される。原らはこの会に、原派・清岡派を問わず来会するよう求めたが、反対派である清岡派の来会者は少なかった。

それでも原は、八月一三日の「大懇親会」当日に、次のような注目すべき演説を行っている。そこには、原が今回だけでなくその後も持ち続ける選挙や選挙民に対する思い、政治に対する姿勢が表れている（原敬『懇親会席上演説』）。

原は「今回の総選挙においては、多数の諸君が同情を寄せられ、有権者の多数は申すに及ばず、選挙権を有せざる諸君においても、多数吾輩に同情を寄せらせて、当選の栄を得ましたことについては深く市民諸君に感謝の意を表せざるを得ない」と述べる（同前）。原が、日本の安全保障を確保し日本と各地域を発展させることを目標に掲げたことは、制限選挙下で投票権のない人々の期待も集めた。

したがって原は、「今回の〔選挙〕競争なるものは、無論に私も一身一家の私事のために候補者となつて選挙を争ふ積りはなかつたのであり」、「諸君も亦《また》私の一身若《もしく》は私の一家のために図つて同情を寄せられた訳でもな」く、「国家の重きにお考へになつて、賛否を表せられた次第であ」る、と理解する（同前）。

さらに原は、選挙は「全く国家の公事」であり、「少しも私心を挟む事情はない」ので、私への「賛成者も反対者も当時のことは全く打忘れて、将来において懇親を結ばれ、この市のために協同一致して利益を図られなければならぬ」という（同前）。原にとって、「国家の公事」とは、盛岡市の発展を図ることも含まれる、現在の公共性の概念に近いものであることがわかる。

また原は、政見発表は「国家の公事を諸君に訴へなければならぬ、決して一地方の利害を諸君に訴ふべき場合ではないから、政見発表に関しては、私はこの地方に限つた問題は一言も申して居らぬのである」「力《つと》めて一郷一地に関することは避けまして、国家の前途に関する大体の趣意をお話致したのであります」（同前）と、自分の姿勢を改めて表明した。

この他に原は、盛岡市の人々が藩政時代より「猜忌《さいき》嫉妬《しっと》の念」が多く、人の成功を喜ばず、かえって羨《うらや》み、「忍耐力に乏し」く、学問をして「艱難《かんなん》を経て大成」しようという志に乏しく、少し達成するとそれに「安んずる」傾向にあり、他の地域の状況を見聞して自分の事業に役立てようという志向が弱い、と苦言を並べ立てた。また、鉄道は便利であるが、「ドン〱架《かか》るものでもない、相当の時期を経、相当の順序を経なければならぬ」、そう考えると、その前に商業・農業・工業発達の「土地となる元素」を育成しなければならない、とも論じる（同前）。

原は、個別利益を求め政治の裏技などを使った他力本願による鉄道建設などで盛岡市の発展を図ろうとするのでなく、盛岡市民が志を高く持ち、自ら努力・協力して産業を振興し、鉄道建設の有用性を正面から訴えて実現させるべきと論じた。その上で、鉄道を有効に使ってさらなる地域の発展を図らないと、地域が実際に成長しない、と真っ当に考えたからである。また原は、こうした形の地域の発達は、国家の安全保障に関わる外交や軍事と同様に、「国家の公事」と見た。

さて、この「大懇親会」の四日後の八月一七日、原派は清岡派がよく利用していた料亭「秀清閣《しゅうせいかく》」で、改めて両派の合同懇親会を開いた。このように、原は清岡派への和解を求めたのであるが、総選挙のしこりはすぐには解けなかった。清岡派は原派に勝てないこともあり、その後は総選挙で盛岡市部選挙区に対立候補を立てて原と争うようなことはしなかった。しかし、清岡が政友会に入党するのはこの八年後の一九一〇年八月であり、旧清岡派が原派と一体のものになるのは、さらにのちの一九一二年夏のことであった。この間、原は地元盛岡に残ったしこりに過度に介入することなく、辛抱強く地元が自然に一つにまとまるのを待った（伊藤之雄編著『原敬と政党政治の確立』四一一～四三四頁）。原は「国家の公事」を掲げてそれに向かって動いたところで、地元の人々は頭で理解できたとしても、彼らの感情の問題の解決には時間がかかることを、察知していたのである。

日露対立の緊迫と立憲政治

すでに述べた義和団の乱で、ロシアは清国から認められて満州に建設していたシベリア鉄道（未完成）から旅順・大連への鉄道支線に被害が出たので、満州に数万人以上の出兵をし、乱が収まっても満州全土を占領し続けたままであった。日本としては自国の安全保障に関わるとして、清国の領土保全を理由に、ロシアが満州から撤兵するよう強く求めた。そこでロシアは清国に、段階的に撤兵することを約束した。しかし、実質的な撤兵を始める期限である一九〇三年四月になっても、その動きはなかった。日本国内にはロシアとの戦争への危機感が強まり、翌年二月の日露開戦につながっていく。

このロシアの満州占領が、日露戦争前の桂内閣と政友会の関係に大きく影響する。日露関係の緊張に伴い、桂内閣は海軍拡張を実現するための五年間の地租増徴（一・三二倍の増税）を、一九〇四年度以降も延長しようとした。原ら政友会も、緊迫した状況から海軍拡張自体には反対でなかったが、桂内閣が行政・財政整理をして政費を節減すると前議会で約束しておきながら、ほとんど実現できていなかったことが問題であった。

国民を代表する議会への約束違反である。地租増徴継続法案に対しては、政友会に加えて、第二党の憲政本党も反対し、一九〇二年一二月末に議会は解散され、わずか数ヵ月で再び総選挙となった。

主要政党間の争点がない中で、翌年三月一日に投票が行われ、今回も政友会が衆議院の過半数を実質的に確保した。盛岡市選挙区では、勝つ見込みがないとみた清岡派が原に宥和を申し出、対立候補者がいなくなり、原が二三八票（有権者二九六名）を獲得して当選した。岩手県では、政友会が総選挙後の入党も含めると、定員六名中四名（約六七パーセント）と、前回よりも地盤を強めた。

こうして、原と松田は立憲政治の原則を桂内閣に突きつけ、少しでも公共性のある国家にしようとしたのである。しかしこの間、伊藤総裁が桂内閣との妥協を決めており、それを呑むことを、突然四月二五日に原ら政友会幹部に要請した。内容は、地租増徴継続をしない代わりに、鉄道建設計画を繰り延べするなどし、そこで得た財源を海軍拡張費に充てるというものである。伊藤は議会と政府の関係で公共性のある国家形成を進めるよりも、ロシアへの対応の方が緊急の課題で公共性があるととらえ、桂に譲ったのである。

原や松田ら政友会幹部は、妥協の内容も、伊藤が一人で決めて押しつけてくるやり方も気に入らなかったが、次期首相候補者としての元老伊藤を失うのは政友会の存続に関わると考え、妥協を受け入れた。創立三年に満たない政友会は、まだ伊藤という求心力を必要としていたのである。

さて、ロシアが一九〇三年四月から行うべき満州からの実質的撤兵（第二期撤兵）を行う兆しがないので、日露間の緊張が高まり、六月二三日、伊藤・山県ら元老と桂首相・小村《こむら》寿太郎《じゅたろう》外相ら主要閣僚が参加して、明治天皇の面前での御前会議が開かれた。そこで決まった方針は、元老山県を背景とした桂首相と小村外相の対露強硬方針を反映して、義和団の乱で被害を受けていたにもかかわらず、ロシアが特に新しい利権を得ることなしに満州から撤兵し、日本が鉄道建設など満州南部に新たに経済進出することを承認する、というものであった（当時は非公表）。これは大国ロシアが日本に戦争で敗北したかのような内容であり、八月にロシア側に提示されると、ロシア皇帝ニコライ二世らロシア側を憤らせ、日露開戦を避ける交渉を不毛なものにする大きな原因となっていく。

それはさておき、原や政友会にとって当面の大きな問題だったのは、桂首相の辞表問題である。六月二三日の御前会議の後、桂は伊藤に、衆議院の態度から見て、伊藤が政友会総裁のままでは首相としての仕事をするのが困難である、と辞意を述べ、七月一日に病気を理由に、他の閣僚とともに辞表を出した。桂は元老山県らと連携していた。

その狙いは、困難な日露交渉を前に政権交代があると、ロシアは日本の政治が混乱していると考えて強気になるので、伊藤が政権交代を認めないことを見越し、伊藤に政友会総裁を辞めさせ、政友会を解党もしくは弱体化させることであった。そうすれば伊藤の威信も落ちるので、短期的には桂首相と小村外相が日露交渉を主導し集中できる。また長期的には、政党の台頭を防ぐことができる。

明治天皇は桂内閣の辞職を認めなかったが、桂は方針を変えず、山県は、自分は平の枢密顧問官になるので伊藤は枢密院議長になるべき、と桂を支援する上奏を行った。すでに述べたように、枢密院議長になれば政党活動はできないのが慣例と考えられていたので、伊藤は政友会総裁を辞めることになる。

政友会の前途や、桂と山県系官僚らの陰謀を思い、伊藤は枢密院議長に就任したくなかった。原や伊藤の後継者の西園寺（枢密院議長）らも反対であった。しかし、天皇が迷った末に、ロシアとの交渉を理由に伊藤に枢密院議長になるよう勧めたので、伊藤も天皇の気持ちを理解し、七月一三日に就任した（山県も平の枢密顧問官となる）。

西園寺は議長を辞任した後、伊藤の跡を継いで七月一五日に第二代政友会総裁となった。伊藤総裁の辞任によって、伊藤と桂首相との妥協の頃からあった党の動揺は大きくなり、一一月初めまでに、政友会は約三分の一（六一名）の議員を脱党や除名で失うことになる。しかし、西園寺総裁を擁し、原や松田の尽力で、七月二〇日頃までに政友会が解体する危機はほとんどなくなった。

七月下旬には、西園寺総裁と原・松田の両常務委員が、三人の最高幹部として政友会を指導し、特に党の資金については、原が責任を持つという体制ができた。日露戦争になるかもしれないという緊迫感の下で、原の立憲政治（公共的な国家）を作る目標は後退せざるを得なかったが、伊藤の総裁辞任後、原の党内での重みはさらに決定的となった。

日露非戦論と開戦

ロシアは第二期撤兵を実行しなかったが、日本は何とか戦争を避けようと、一九〇三年八月一二日にロシアとの交渉を始めた。

当時の日露の軍事力のバランスは、陸軍は極東ロシアの陸軍に対して日本軍がはるかに優勢であった。満州へは、日本からの方がヨーロッパロシアからよりも近く、極東へのシベリア鉄道も、全通はしていなかったからである。問題は海軍である。日清戦争前から、ロシアを意識して海軍の軍備拡張に努めていたが、この時点で軍艦の総トン数から見ると、日本はロシアの半分強の海軍力しかなかった。日本にとって幸いなことは、極東ロシアの海軍力だけで比較すれば、日本がやや優位にあり、しかも極東ロシアの海軍力は、主力の旅順と、ウラジオストクに二分されていることである。

緒戦で日本が全力で極東のロシア海軍を個別に撃破し、大きな損害なく制海権を確保して、満州への海上輸送を安全にすることが重要であった。次いで優勢な日本陸軍の大半を満州に送り込み、ロシア極東陸軍を敗北させていく。その後、ヨーロッパロシアから派遣されてくる陸軍増援兵力や、日本海軍とほぼ同兵力のバルチック艦隊と戦えば、何とか勝利が見えてくるだろう。日本にはこの程度の綱渡り的な見通ししかなかった。

注目すべきは、日本・ロシア両国とも、ロシアが満州を勢力圏とし日本が韓国を勢力圏とすることで妥協を成立させてもよい、と基本的には考えていたことである。だが両国政府首脳は、その考えを互いに理解し合うまでにはならなかった。日本は、ロシアが韓国まで狙う一貫した南下政策を持ち、満州への兵力を増派するために交渉を遅らせて時間稼ぎをしているのではないか、と思いこんでいった。こうして同年九月から一二月までにかけ、山県、次いで伊藤ですら戦争は避けられないと信じ込んでいった。他方ロシアは、日本には大国ロシアと戦う勇気がないと思いこみ、当初は戦争を避ける交渉をするという緊張感がなかった（伊藤之雄『立憲国家と日露戦争』）。

日本は一九〇二年一月に日英同盟協約に調印していたが、そのイギリスですら、日露が戦えばロシアが優勢と、内々で見ていた。したがって同盟の内容も、日露戦争が起きてもイギリスは参戦義務を負わず、第三国がロシアに加担した場合のみ参戦すればよい、との内容であった。

話を日露交渉に戻すと、一九〇三年一二月になると、戦争を覚悟して開戦準備を進める日本の異様な雰囲気がロシアにも伝わり、ロシアは慌てて満州の防備を強化し始めた。そこで日本は、ロシアが日本に奇襲攻撃を仕掛けるのではないかとさえ、警戒感を強めた。こうして一九〇四年二月八日、宣戦布告のないまま、日本の連合艦隊が旅順港外のロシア艦隊を攻撃し、日露戦争が始まる。

日露戦争の開戦まで、原や政友会はどのような姿勢を取ったのであろうか。日本国内では、一九〇三年六月に東京帝国大学教授戸《と》水《みず》寛人《ひろんど》ら七人の博士が対露強硬論を唱えるなど、同年一〇月にかけて、日露開戦論が高まっていく。そのような中で、原は同年一一月八日の政友会近畿大会（京都市）で、日露の対立に関し、外交の力で戦争が避けられれば何よりであるが、外交の力が尽きれば戦争にもなる、今は外交の力を十分尽くすべき時だ、と訴える等、安易な日露開戦論を抑制しようと努めた（『政友』第三九号）。

原は開戦直前の一九〇四年一月になっても、戦争になってしまったらいつ終わるかわからない、長引くかもしれないので、頭を冷やして十分な準備が必要だ、と開戦に慎重な姿勢を崩さなかった（『原敬全集』上巻）。

この姿勢は、列強の中国進出に対し、その勢力均衡を維持し、平和を守り、貿易や外資導入など経済交流で相互の国の発展を図るべきだ、という原が一九〇〇年前後から唱えてきた外交論の延長にある。

ところで、原は一九〇三年三月に、大阪で『大阪新報』を発行する新聞社の社長も引き受けていた。この新聞は、当時大阪において大阪朝日新聞・大阪毎日新聞に次ぐ発行部数だったが、赤字気味であった。原は『大阪新報』をその二紙を越える新聞にしようと意気込んだ。政友会最高幹部として忙しい中、再び新聞経営に乗り出したのは、自らが全権を握る新聞を通して、外交・内政などについて国民に訴えることが重要だと考えたからである。『大阪新報』は日露戦争に対する原の信念を反映して、日露が開戦するまで開戦論を唱えることはなかった（飯塚一幸「原敬社長時代の『大阪新報』」）。

日露戦争の展開と戦後体制の形成

日露開戦後、一九〇四年五月一日、日本軍は韓国と満州の国境にある大河、鴨緑江《おうりょくこう》を渡り、九連城《くれんじょう》を占領した。八月一〇日には黄海海戦に勝利し、九月四日に遼陽《りょうよう》を占領、一〇月一〇日から二〇日の沙河《さか》会戦にも勝利した。ロシア側は戦争準備が遅れていたので、各部隊の司令官に、ヨーロッパから十分な増援が来るまで日本軍との戦闘を急がないよう、命じていた。しかし彼らは軍人としてのプライドから戦いを避けなかったので、日本軍にとって予想以上の勝利が続くことになった。

旅順港の背後を守る難攻不落の旅順要塞に対しても、日本軍は八月以来三回の総攻撃を加え、一二月中旬までに旅順港のロシア艦隊に対し、地上からの砲撃で大打撃を与えた。翌一九〇五年一月一日には旅順のロシア軍も降伏し、日露戦争の勝利が見えて来た。

次いで、三月一日から一〇日にかけての奉天《ほうてん》会戦においても、日本陸軍は大きな勝利を収めたが、砲弾不足などのため、敗走したロシア軍を追撃してさらなる大打撃を与える余力はなかった。その後、五月二七日から二八日の日本海海戦を迎える。ロシアのバルチック艦隊は、ヨーロッパロシアのバルト海沿岸からアフリカ南端の喜望峰《きぼうほう》を回り、七ヵ月もかけてやってきた。同艦隊は長期の航海で、艦の整備や乗員の訓練や休養が行き届いていなかった。このことも幸いし、日本海軍はバルチック艦隊の主力艦である戦艦八隻をすべて撃沈するか捕獲し、自らは有力艦船を一隻も失わなかった。予想以上の圧勝で、日本の戦勝は確定した。

この結果、米国のセオドア・ローズヴェルト大統領の仲介で、八月からポーツマスで講和会議が開かれ、九月五日に両国の全権小村寿太郎外相とヴィッテの間で、日露講和条約が調印された。日本は、韓国の保護権、遼東半島の租借権、ロシアが清国から権利を得てシベリア鉄道の支線として建設した東清鉄道の長春《ちょうしゅん》－旅順口間の権利（後に南満州鉄道となる）など、絶対必要な条件としたものをほぼ獲得し、樺太《からふと》の北緯五〇度以南（南樺太）や、沿海州の漁業権なども得た。日本は東清鉄道のハルビン－長春間は得られず、満州北部に勢力圏を伸ばすことができず、日清戦争のように賠償金を取れなかったが、天皇・元老や桂内閣など日本首脳部の要求を大枠で満たすものであった。

しかし日露戦争は、日本国民の犠牲や負担が大きかったのと同時に、ロシア国民や戦場になった清国民にも犠牲を強いた。戦争に動員された日本兵は約一三〇万人、戦没者約八万八〇〇〇人、戦傷病者約四四万人であった。また、これまでの日本の歳出規模は二億円台であったが、約一七億円の軍事費を使い、うち約一三億円が国債で（外債約七億円、内債約六億円）、三億二〇〇〇万円を増税でまかなった。なかでも外債は、利子や償還は在外正貨（金）で行わなければならず、正貨不足の日本にとって、国家破産の危機感を伴うほどの圧迫感を与えた。

国内政治に目を移すと、この間、一九〇四年一二月には桂首相と原・西園寺総裁・松田正久という政友会最高幹部の間で、政権の円満授受の密約が成立していた。日露戦争後に桂が政友会に政権を譲る代わりに、政友会が講和に協力するというものである。日本がロシアに勝利しても、賠償金や領土など、日清戦争のように多くのものを得ることができないという予想の下にできた密約である。

緻密に物事を運び用心深い原は、密約の要点を一二月中に元老の伊藤・井上馨に話した。桂が約束を守らない場合の保険として、政友会に好意的な二人の元老を関係させたのである。桂は一年半前に政友会を解党させようとした人物だからである。この密約を知っていたのは、桂以外の閣員では、曾禰《そね》荒助《あらすけ》蔵相（山県系だが伊藤とも近い）・山本権兵衛海相（薩摩派）の二人のみで、政党嫌いの元老山県には秘密にされた。

原や桂の予想通り、日露講和条約の内容が明らかになると、新聞の大勢は、日本の国力の実情を知らされていないこともあり、講和反対、条約破棄を要求し、多くの国民も同調した。こうして一九〇五年八月末から約一ヵ月の間に、都市部を中心に各地の講和反対集会は、一六五件にも達した。

中でも九月五日から六日にかけては、日比谷を中心に東京市とその周辺で講和反対の暴動が発生し、日比谷焼き打ち事件と呼ばれる。政府は戒厳令を施行し、軍隊がその地域をコントロールして、騒動はようやく収まった。

これら講和反対運動に、衆議院第二党の憲政本党（旧進歩党）は積極的に関わった。しかし、第一党の政友会は原ら最高幹部の抑制方針が貫徹し、党として関わることはなかった。

原は大阪新報社の社長として、『大阪新報』にも講和の成立は国家の利益であり、講和条件の不備は当局の責任であるが、国家は賠償金がないことで落胆するような軟弱なものではない、とプロシアに敗北したフランスの発展の例を挙げて、講和反対運動を抑制する社説を掲載させた。しかし『大阪新報』は、日露開戦後から販売部数の伸びが止まり、衰退していく。その有力な原因は、こうした対外硬論を煽らない姿勢であったと推定される。原は日本国民が、戦時下の税や兵士の犠牲の多さなどの負担の重さに加え、ロシアに勝ったことで慢心し、非理性的な対外硬論に走っていくことを感じ、よく考え抜かれた国民の意見である輿論《よろん》を形成することの難しさを、改めて感じたことであろう。

いずれにしても、政友会の協力があって、桂内閣は講和反対運動を乗り切ることができた。桂首相は一一月中旬には西園寺に政権を譲ることについて、元老山県の了解を得た。一二月二〇日、明治天皇に辞意を伝え、西園寺を後継首相に推薦する上奏をした。こうして密約は守られ、元老会議を開かずに、第一次西園寺内閣が翌一九〇六年一月七日に発足した。

この内閣への政友会からの入閣者は、西園寺・原・松田の三人であり、政党員がなれない陸・海軍大臣を除いた八人の閣僚中の三七・五パーセントにすぎなかった。元老との力関係を考慮すると、これが伊藤総裁辞任後の政友会の力量であった。

しかしながら、今回、原は党内での実力を反映し、重要閣僚である内務大臣に就任できた。内相は、地方行政・治安行政・土木行政・衛生行政などを担当し、各府・道・県の知事や警察幹部などの人事権を持つ。山県系官僚閥は、陸軍の他、内務省も重要な拠点としていたが、原は後者を排除できる可能性を持つ地位に就いたのである。

鉄道国有の意図・山県系官僚閥の壁

日露戦争後の一九〇六年三月、第一次西園寺内閣下で、幹線鉄道を国有とする原則の鉄道国有法案が議会を通過した。これは、一九〇六年から一〇年間で日本鉄道（のちの東北本線）・関西鉄道（のちの関西本線）・京都鉄道（のちの山陰本線の一部）・山陽鉄道（のちの山陽本線）・九州鉄道（のちの鹿児島本線）など一七民営鉄道を政府が強制的に買収するものである。また買収のために内債（国債）を発行するものである。鉄道国有は、前桂内閣以来の懸案であり、レールの幅等の異なる民営鉄道を国有として統一し、輸送力の増強と運賃の低下を図り、産業の発展と戦時の軍事輸送の強化に役立てようとするものだった。

原は数年前に外資を導入して鉄道建設を促進することを主張していたが、鉄道国有法案に賛成した。日露戦争の結果、日本は膨大な外債を抱え込むようになり、個々の鉄道会社が外資を導入して建設を促進するのが困難になったとみたからである。また、日露戦争中の軍事輸送を見て、様々に規格が異なる鉄道は効率的でないと理解したからであろう。

しかしながら、副総理格の実力者として、原は日本全体の財政状況を十分に考慮したので、鉄道の建設・改良を強引に進めようとはしなかった。たとえば、一九〇八年度予算において、民営時代に着手している建設工事など、やむを得ない一部は認めたが、過大な増税を避けるため、他は見合わせて繰り延べする提案をし、大方の賛成を得た。

なお、原の鉄道政策は、一般に言われているように、特定の鉄道の建設や改良（複線化・高架化など）を条件として有権者に政友会への支持を安易に訴える（三谷太一郎『日本政党政治の形成』）ようなものではない。全国に狭軌鉄道網（現在のＪＲ在来線と同じレール幅）を敷設する制度を作り、不必要な軍備拡張を抑制したり、行政・財政整理を行ったりした上で、財源を作り、利益を見込める路線から優先的に鉄道に投資する、というものである（第五章でさらに具体的に述べる）。

鉄道建設への合理的かつ積極的姿勢で支持者を拡大しようとする一方、市町村長に自発性を発揮させ、地方自治の拡充を目指そうとした。このため、一九〇六年以来、原は郡制度を廃止しようとした。当時の地方制度は、府県と各町村の間に郡があり、郡には官選知事に選定された郡長の指揮下の郡役所と、議会である郡会があった。この制度は、かつて内相であった山県有朋らの意向を反映して、一八九〇年頃までに具体化していったものである。しかし、郡長が行政の中心となり、町村長を指導することは地方自治の要素を乏しくする。また原は、市制を改正し市長権限も強化しようとした（三谷、前掲書）。

しかし一九〇六年、郡制廃止法案が衆議院本会議で可決されても、山県系官僚閥が支配する貴族院の委員会で審議未了となって、本会議で審議すらなされず成立しなかった。このように、山県閥の壁は強固であった。その上、山県閥の嫌がらせで、内務省管轄の他の予算案まで削減された。市長の権限を強化する法改正も、衆議院を通過したが貴族院で阻まれた。原は山県に正面から挑戦して、はじき返されたのである。

原が構想した、市長の権限を強化する法改正は、五年後の一九一一年四月に山県系の第二次桂内閣の下で議会を通過し、新しい市制・町村制が公布される。ところが、郡制廃止に至っては、原が自ら組閣して一九二一年二月に改正法が議会で成立するまでに一五年もかかってしまった（郡制廃止の実施は一九二三年四月）。原は地方自治制度改正に関し、時代を先取りし、気負って山県らに挑戦し続け、時間がかかったが実現させたのである。

話を一九〇六年に戻し、地方官に根を張る山県系官僚閥打破の動きも見てみよう。七月二八日、原内相は地方官の更迭を実行し、知事六名と道府県の幹部である事務官三十余名を休職にした。この他、知事の他の県への左遷・栄転も三件あった。原の方針は、党略の人事ではなく、高齢で仕事の能力に欠けるものを辞めさせ、「新進者」を採用することであった（『原敬日記』）。この人事は、地方官を若返らせて行政上の効果を上げるとともに、彼らを掌握し、高齢な地方官の多い山県系官僚閥の勢力を弱めようとしたもので、それなりに成功した。

伊藤の深さを理解する

もう一つ興味深いのは、原が内相に就任して一年ほど経った一九〇六年一二月までに、原と元老伊藤博文は心から理解し合えるようになっていたことである。原と伊藤は、伊藤が直ちに原を入閣させなかったことや、日露戦争前に予算をめぐり桂内閣に勝手に妥協してしまったことなど（本章）、必ずしもしっくりといっていなかった。ところが、一九〇六年一二月四日の伊藤との会話で、原は日本が立憲政体を創始し、また政党（政友会）が発展したのは伊藤のお蔭であり、伊藤は常に「国家」のことを思って立論してきた、と最大級の褒め言葉で伊藤を称えた。日記にはこの記述に続いて、私は本当にこのように思っている、と書き加えられている。『原敬日記』の中で、このような注記は珍しく、伊藤の評価は原の本心といえる。

原は、山県ら藩閥官僚勢力を打破し、イギリス風の政党政治を日本に確立することで、より公共的な国家を作ろうとした。その過程で、元老伊藤の妥協的行動を、政友会総裁としての原理に忠実でない、と批判的に見た。しかし、内相として山県閥の強さを身に染みて感じ、また日露戦争を体験することによって、それまでつかみきれていなかった伊藤の洞察力の深さと視野の広さの本質を理解できるようになり、伊藤への評価を高めたのである。原は、もう一回り大きくなったのだ。原は伊藤を師と思って接したわけではないが、母リツ・中江兆民・陸奥宗光同様に、伊藤も原に大きな影響を与えた人物といえる。

古河鉱業会社の実質的な社長

話を日露戦争中に戻す。日本の勝利がはっきりと見えるようになった一九〇五年四月一日、原は新たに発足した古河《ふるかわ》鉱業会社（のちの古河財閥）の副社長となった。この前身は、官営鉱業の払い下げをうけて古河市兵衛《いちべえ》が経営した足尾《あしお》（栃木県）・院内《いんない》（秋田県）・阿仁《あに》（同前）などの鉱山である。

市兵衛は、陸奥宗光と親しく、陸奥の次男潤吉《じゅんきち》（アメリカのコーネル大で化学を学ぶ）を養子としていた。市兵衛が死去し、潤吉が跡を継ぐが病気になってしまった。そこで陸奥の長男広吉《ひろきち》（外交官、イギリス駐在）が、潤吉の後見人として、原に「全権」を掌握して鉱山業を見てくれるよう依頼した。

古河鉱業の実質的な社長兼古河家最高顧問となった原は、二ヵ月余りで各地の鉱山の視察、各鉱山所の予算の決定、古河家内の問題の処理、古河鉱業会社発足に伴う古河家への功労者の賞与の問題などを、次々とこなしていった。

さらに原は、古河鉱業の経営改革も行った。その方針は、(1)大学などを卒業して専門的な知識を身につけた「新進者」を採用し、能力主義にもとづいて賞与で差をつけ、(2)会社の利益が増加した時は賞与を増やし、全職員のやる気を引き出すこと、(3)昼食代に会社の金を使うなど、公私の混同が行われているのをなくすこと、などである。これは、古河鉱業の中に長年の間にできた惰性的な悪習を改革し、合理的で公共性のある会社にしようとしたのである。

ところが、一二月一二日に社長潤吉が病死し、次いで翌一九〇六年一月七日に原は西園寺内閣の内相に就任する。原は公私のけじめをつけるため古河鉱業の副社長を辞任するが、後始末をしっかり行い、古河の経営への責任を全うしようとした。

このため、原は後任者を実質的に決定し、驚くべきことに、内相になった後も、前年下期の決算とそれに関連する賞与を一月中に決裁するなど、一段落するまでは古河鉱業の経営の責任を果たした。古河家は市兵衛の実子虎之助《とらのすけ》（妾《めかけ》の子として生まれ、後に母は市兵衛の後妻となる）が継ぎ、まだ若いので将来の社長候補として、アメリカの名門コロンビア大学に入学する準備としてニューヨークの高校に入った。原はその後も虎之助への教育や助言、古河家・鉱業会社の改革問題など、一九一三年末まで八年間も尽力した。これらは陸奥宗光への恩義から、その子の潤吉の思いに応えようとしたからである。原の誠実な人柄を表している。

　最後に、古河鉱山が経営する足尾銅山の鉱毒事件と原の対応を簡単に見ておこう。古河市兵衛の経営となった足尾銅山は、銅の産出量が増加するにしたがい、鉱毒が下流の渡良《わたら》瀬《せ》川《がわ》流域の農作物に被害を与え、一八九〇年には問題が表面化した。日清戦争後、衆議院議員の田中正造《たなかしょうぞう》（進歩党）が公害反対運動に乗り出すと、鉱業停止請願運動が盛り上がった（由井正臣『田中正造』）。

　そこで政府は鉱毒予防の工事命令を出し、市兵衛と潤吉は一八九七年に当年度の古河鉱業の利益の一三倍以上の費用を使って、命令通りの予防工事を行った。それにもかかわらず、鉱毒の被害は収まらなかった。その最大の原因は、予防工事が行われるまでに足尾鉱山から排出された工業上の排出物が、一帯の地域および渡良瀬川河床に残留していたからである。

そこで、第一次桂太郎内閣は、渡良瀬川の河床の鉱毒が洪水のたびに沿岸の田畑に流れ込まないように、谷中《やなか》村を買収し遊水地とするなどの治水工事を行う方針を出した。原が古河鉱業の副社長になったのは、桂内閣の新しい鉱毒対策の方針が出た後であり、原は政府の方針に従った。

この桂内閣の新方針が出ると、鉱毒反対運動は停滞していった。ところが田中正造はこの方針に反対し、谷中村に移り住んで反対運動を続けた（同前）。田中の論理からすると、谷中村など渡良瀬川沿岸の農民たちには何の落ち度もないのに、一方的に足尾銅山の鉱毒被害を受け、強制的に谷中村を廃村にされ、村民が故郷から立ち退きまで強いられるのは納得できない。このような公共性のない国家権力に抵抗し、不正を訴えるのは当然の権利だ、となる。

他方、原内相は谷中村の立ち退きの所管大臣であった。一九〇七年六月、政府は谷中村に土地収用法を適用し、強制立ち退きを執行した。原の論理からすれば、落ち度がないのに不当な被害を受けることはない方が望ましいが、世の中にはこうしたことが度々起こってしまう。現に維新の際に南部藩（盛岡藩）が薩長から受けた処置は一例で、どんなに憤慨しても足りないほどである。しかし、起きてしまったことへの憤りのあまり、建設的な生き方ができないのは愚かしい。足尾銅山の鉱毒に関しても、桂内閣ができる限り科学的な根拠にもとづいて少しでも改善できる実行可能な政策を立てた。その実施を、帝国議会や渡良瀬川沿岸の多くの人々も期待している。それをとりあえず実行してみるのが公共性にかなう、ということになる。

結局、田中正造らは強制的に立ち退かされ、一九一〇年度から政府により渡良瀬川治水工事が始まり、旧谷中村に堤防で囲った遊水地が作られ、渡良瀬川の付け替え工事も行われた。これらの工事は一九二七年に竣工《しゅんこう》し、多くの場所で表立った鉱毒被害は大幅に減少していった（ただし、当時の技術では煙害を十分に防止することができず、足尾鉱業所付近には植物が育たない状況が続いた）（日本経営史研究所編・制作『〔古河鉱業〕創業一〇〇年史』、『栃木県史　史料編　近現代九』）。渡良瀬遊水地は洪水調節池化されていき、現在では広大なヨシ原を中心とする自然環境に、多数の動植物が育っている。

第五章

「アメリカの世紀」を予見

西園寺内閣の実権者

一九〇八年、内務大臣を務めていた原と妻の浅

アメリカ中心の世界を予見

日露戦争中の一九〇四年（明治三七）三月に総選挙が行われているので、法令に従い約四年後の一九〇八年五月一五日に総選挙が行われた。原は選挙を管轄する内相として、政府としての選挙干渉は戒めたが、党としての候補者調整を十分に行い、原も含め次の第二五議会に臨んだ政友会衆議院議員は一九二名に達した。

総議席数は三七九名なので、第一党としての地位を保持したのみならず、日露戦前に伊藤総裁の辞任などで動揺して減少した議席を回復して、再び過半数を確保した。経費節減を目指したリストラと必要な増税を行いながら、鉄道建設などの積極政策を少しでも実施しようという、原が作った政友会の方向が、他党に比べて相対的に優れていると国民からしっかりと評価されたといえる。しかし、西園寺は病気のため辞任したいと原内相・松田正久蔵相に申し出、原の意向に反し、七月一四日西園寺内閣は総辞職した。西園寺の病気は事実であった。それに加え、六月になると元老山県・井上・松方らが、直接行動路線を主張するようになった労働者の小グループである日本社会党への取り締まり強化を求め、かつ財政に批判を示すようになったので、西園寺はあっさりと政権を投げ出したのである。政友会の実力者となった原は、かつての友人であった西園寺のこのような淡泊さに、しだいに不満を募らせるようになる。

西園寺内閣の後は、西園寺が辞表を出す際に桂太郎を天皇に推薦し、元老会議を開くことなく、第二次桂内閣が成立した。同内閣は、小村寿太郎外相・後藤新平《ごとうしんぺい》逓相ら桂に近い官僚と、山県系官僚が中心であった。

原はすぐに、八月から米欧を周遊することを決意した。原がパリ公使館から戻ってきたのは二〇年近くも前のことになる。以来、ヨーロッパに行っておらず、アメリカへ行くのは初めてである。二〇世紀に入りアメリカは世界一の強国イギリスを追い越しかねない勢いで台頭してきていた。政友会の指導者として将来の組閣を意識すると、アメリカを視察し、台頭の理由を考え、アメリカの可能性を推測する必要があった。またヨーロッパ諸国についての知識も古くなっており、更新しなくてはならなかった。このためには資金が必要である。

原は東京市芝公園の狭い家に住んでいたので、他所に良い邸宅を買うために用意していた蓄えがあった。そこで家の買い替えはあきらめ、その蓄えの大部分、二万一〇〇〇円（現在の約三億一〇〇〇万円）を旅費に充てた。原は八月二四日に横浜を出港、カナダ・アメリカを経てフランス・イギリス・ベルギー・オランダ・スペイン・ポルトガル・イタリア・トルコ・ブルガリア・ハンガリー・オーストリア・ドイツ・デンマーク・スウェーデン・ロシアと周遊、翌一九〇九年二月二〇日に東京に戻った。旅行期間は一八〇日間であったが、それらの国に滞在した実質は移動時間も含めて一三ヵ国を七三日間（一国当たり平均五、六日）で回るという、かなり駆け足の旅行であった。

その中で、アメリカには一ヵ月以上を費やしており、関心の高さがわかる。旅行の前から、フランス語・英語も含めた新聞・雑誌の記事や、旅行してきた人々のもたらす情報などを自ら分析し、原はアメリカに最も注目していたのだろう。原は一八九七年からイギリス人に週に二、三回英語を習い始め、英語を読めるようになった。しかし実際にアメリカに行ってゼネラル・エレクトリック社の機関車工場を見学した際、フランス語のわかる者を通訳につけてもらっていることから、四十の手習いの英語学習は、原が多忙のため、詳細な説明を聞いてわかるほどには向上しなかったのである。

この米欧周遊から原が得たことは、第一に、ヨーロッパが二〇年ほどの間に非常に発達していることがわかったが、それにも増してアメリカがいかに強国になっていくかを実感できたことである。アメリカについて、「将来恐るべきは此国ならん」とまで経済力（国力）を評価した。原は、この後一〇年、第一次世界大戦後にアメリカがイギリスに代わり世界一の強国になっていくのを、日本の誰よりも早く予見できている。

原がこのような予見をできたのは、米欧の政治家や外交官等と会見するよりも、各国の有力な工場を精力的に見学し、生産力や生産のシステムを詳細に学んだからである。そのような着想を持つようになったのは、大阪毎日新聞社の編集総理から社長、古河鉱業副社長としての仕事、とりわけ古河での体験からであろう。近代になり国力の背景として経済力がますます重要になってきていることの意味を、同時代の日本人の中で、原は最も知っている一人であり、しかも米欧の実業を直接に見学してきた。このような政治家は原だけだった。

第二に原が得たことは、各地の「民力の発達」は驚くべきもので、官僚政治が盛んであったロシアですら「民意」を聴き、ドイツにおいても帝国議会が権力を奪おうとしている、ととらえたことである。同時に、ロシア国民は日露戦争の敗戦を、「官僚派」の失敗とみなし、日本に対しそれほどの敵対心を持っていないようだ、とも見た。

これらの事情は将来、日本の国政を料理するにあたって大いに考えるべきことと思う、と原は山県系官僚閥など、官僚系を打破でき、東アジアでのロシアとの協調が可能である、との確信を強めた。

しかし、原でも十分にとらえ切れなかったことがある。それは東欧のバルカン半島の情勢である。バルカン半島での〔戦争の〕問題は近来湧き起こっているが、各国はできるだけ戦争を避けようとしているので、大事には至らないだろう、と判断した。バルカン半島の民族問題が大きな原因となって、この後に第一次、二次のバルカン戦争が起き、いったんは収まるが、五年半後に第一次世界大戦が起きる。近年の欧米の研究によると、第一次世界大戦はドイツなど特定の国の一貫した意志で引き起こされたのではない。オーストリアの皇位継承者夫妻の暗殺という事件をきっかけに、対立する多くの国が、相手側が早く準備を整えて戦争を有利に仕掛けるのではないかとの誤解と恐怖から、相互に戦争への道を突き進んだのが原因とされている。第一次世界大戦の直前になっても、日本でその危険を予測した者はほとんどおらず、原ほどの政治家でも、数年前には予想できなかったのである。

人生の転機――盛岡別邸・養嗣子の貢

半年近くの米欧旅行によって、原は世界観を確立し、政治家として大きな自信をつけた。その意味で、原の大きな転機の一つといえる。興味深いのは、この前後に、私生活にも関わる二つの決断をしている。

その一つは、盛岡別邸の新築である。原は墓参や総選挙で盛岡に帰省すると、盛岡市役所に近い「高与《たかよ》旅館」を定宿としていた。また有権者を集めた園遊会を開く際は、盛岡城跡公園のすぐ北にある料亭「秀清閣」を借りていた。

ところが一九〇七年（明治四〇）一一月から、兄の住居と同じ盛岡市仁王小路《におうこうじ》の古川端《ふるかわばた》に土地を購入し始めた。支持者に盛岡に邸宅を設けるべきだと勧める者が多かったこと、本宮村の旧宅に戻っていた母リツが存命中は毎年帰省したいこと、しかも一九一〇年にリツが数え年で当時としては稀な八八歳になるので祝宴を開くこと、等を考えたからである。

ほぼ完成した別邸に、原が初めて入ったのは一九〇九年八月下旬である。九月一〇日には初めての園遊会を行い（来会者約四〇〇名）、一九一〇年五月二一日から二七日のリツの米寿の宴の行事には、別邸を主会場として使った。その後も、別邸では毎年のように園遊会が催された。

別邸の地所は約二一六〇坪で、リツが住む母屋と茶室・倉庫、原の姉の波岡磯子《いそこ》（次女）の住居、留守居の住居があった。庭園も作り、中央に紅葉の大木をシンボルツリーとして植え、芝地も広くとり、園遊会の場所を確保した。別邸の追加工事はその後も続けられ、一九一四年（大正三）末までの総費用は、土地購入代金も含めて四万三七一八円であった（『原敬関係文書』別巻）。半年間の米欧周遊に用意した費用の約二倍で、現在の六億一〇〇〇万円くらいになる。

この盛岡別邸は、後に場所の通称にちなんで「古川端別邸」と呼ばれたり、原の俳号から「一山荘《いっさんそう》」、あるいは老母に孝養を尽くす意味から「介寿荘《かいじゅそう》」と呼ばれたりした。

もう一つの決断は、上田貢《うえだみつぎ》を養嗣子にしたことである。原には子どもがおらず、一九〇一年一一月に兄原恭《ゆたか》の三男彬《さかり》を養嗣子にした（当時九歳）。ところが一九一一年夏に兄の嗣子であった達《とおる》（恭の次男）の結核が重くなり、彬を恭の家に戻すことになった。その後、恭の長女で上田家に嫁していた栄子《えいこ》の次男の貢（九歳で小学三年生）を、原敬家の養嗣子とすることになり、一九一一年一二月に入籍手続きが済んだのである。

原は栄子を実の娘のようにかわいがり、東京の女学校での勉学や結婚の世話までしてきた。栄子が一九〇四年九月に結核で死去すると、まもなく原は二歳の貢を東京に引き取って、芝愛宕町の別宅で浅が育てた。原が貞子と離婚すると、浅と貢は芝公園の本宅で生活するようになる。原は貢を実子同様に感じていた。養嗣子になった時に小学生の貢も、上田姓から原姓になったことがとてもうれしかったという。

米欧周遊する五三歳前後の原は、内相も経験した政友会最高幹部の一人として、自信に満ちていた。米欧周遊も含め、これら三つを思い切って実行したことは、さらに大きな目標達成のためにヴィジョンを磨き、また身の周りを固めておく、という原の意志を反映しているといえよう。

第二次西園寺内閣の実権者

一九一一年（明治四四）七月初め、原は桂首相と会見し、桂内閣が八月末に辞職するという約束を取り付けた。桂がこれ以上内閣を存続させるなら、衆議院の過半数政党の政友会は桂内閣に敵対的行動を取らざるを得ない、との暗黙の圧力の下での約束である。

七月九日、原は西園寺総裁を訪れ、閣僚人事の方針を示して承認を得、八月二五日に桂内閣が総辞職すると、もう一人の実力者松田正久を加えて、表向き三人で閣僚人事を相談した。しかし、それは七月九日に原が主導して西園寺とともに決めた案とほとんど同じであった。

八月三〇日に第二次西園寺内閣が成立した。原は内相兼鉄道院総裁となり、松田は再び法相に、他に政友会から長谷場《はせば》純孝《すみたか》が文相として入閣した。長谷場は、党人派幹部中で原・西園寺・松田ら主流派に協力的であり、党内統制の面も考慮されたのであろう。同じく党人派幹部であるが、元田《もとだ》肇《はじめ》は政友会が山県系官僚閥と対抗することに十分な理解がなく、主流派に批判的な動きをすることもあったので、入閣を見送られた。

今回の閣僚人事の特色は、前回の第一次西園寺内閣の組閣時には、元老や辞任する首相の桂太郎と相談して人事を決めていったが、今回は陸相・海相以外は原と西園寺に松田が加わる形で人選したことである。一〇人の閣僚中、政友会からは西園寺も含め四人も入閣し、外相には原の外務省の後輩で親しい内田《うちだ》康哉《やすや》（前駐米大使）が就任するなど、他の閣僚にも政友会と近い者が多かった。すなわち、原は政友会を元老や山県系官僚閥に対して台頭させ、その中で原が西園寺総裁をしのぐ実権を持つようになったのである。

さて、船出した第二次西園寺内閣であるが、日本は日露戦争で疲弊し、財政状況は相変わらず厳しいままであった。原の考える内閣のヴィジョンは、行政・財政整理を行って財源を生み出し、国民負担を軽減するとともに、鉄道建設・改良などの生産的事業を展開、生産コストを下げて貿易を振興し、赤字基調の対外収支を改善することであった。

国防の問題では、ロシアが弱体化したので、陸軍拡張の必要性は弱まったが、欧米における建艦技術の革新に対応して、最新鋭の戦艦（大型で大きな大砲を備え装甲も厚い最強の軍艦）等を建造するなど、海軍を充実させることが大きな課題となっていた。

以下で述べていくように、原は海軍や陸軍を充実させることも重要であるが、まず疲弊した日本を再建するため、必要な減税と生産的事業を実施して国力を回復させることを第一と考えた。軍備充実に関しては、将来に行うことを一応約束し、国力の回復と財源の余裕を見ながら、日本の国力に見合う内容を、数年後を目途に本格的に実施していく方針であった。また、陸軍よりも海軍を緊急と考え優先させる方針であった。軍備充実が遅れる分、日英同盟を基軸とした列強との協調外交を確固とした方針とし、中国問題で安易な出兵などをせず、戦争のリスクを極力少なくしようとした。海軍や陸軍からの軍備充実を求める圧力に対して、原は自らが中心となり西園寺・松田と連携して、衆議院の過半数を制している政友会の力を十分に発揮させ、軍部からの強要を退ける考えであった。

大日本帝国憲法上は、軍拡予算も含め、予算は衆議院を通過しないと成立しない。そこに、円熟した政治家原が、海軍・陸軍の首脳と交渉する余地があった。

一九一二年度予算の軍備に関し、海軍はアメリカ海軍に対抗するため、戦艦八隻、巡洋戦艦（戦艦と同様の大きな大砲を備え、装甲は薄いが速力は戦艦に優る軍艦）六隻からなる「八・六」艦隊を、最新鋭艦でそろえようとしていた。その手始めに、「七・二」艦隊整備案を一九一一年一一月の閣議に出した。一一月二四日の閣議では、原の判断で、海軍の要求は次年（一九一二年）度予算には費用を計上せず、一九一三年度より実行することになった（結局、海軍の「七・二」艦隊要求は、当面は「三・〇」艦隊建艦に縮小され、主要部分は一九一六年度以降に着手となる）。

前内閣以来の懸案である陸軍の二個師団増設（一個師団の兵力は平時編制で約一万人）の軍拡案は、一年先の一九一三年度予算において実施するかどうか決定することになった。

すなわち、原は西園寺が組閣した年の翌年度予算には、海軍・陸軍軍拡をともに認めない形で、先送りしようとしたのである。ところが、その次の閣議を原が病気で欠席すると、石本新六《いしもとしんろく》陸相（前陸軍次官）に押し切られ、閣議は二個師団増設を行政改革の結果を見て一九一二年度より実施の見込みと修正されてしまった。原はやむをえず承認した。原が心配したように、原がいないと西園寺・松田が軍備予算に関して動揺してしまうのである。

外交面では、組閣した一九一一年秋に中国で辛亥《しんがい》革命が起き、翌年二月に清朝が倒れるような大変動にどう応じるかが最大の課題となった。原は自らが選んだ内田外相と連携して対応していく。

原の姿勢は、清国政府（北方派）と孫文《そんぶん》らの革命派（南方派）のいずれが主導権を握るか中国情勢の見通しがつかず、また南方には大冶《だいや》鉄山など日本の利権が多いので、南北のどちらに加担するかをはっきりさせないことであった。また、同盟を結んでいる日英の連携を重視することである。

これは、かつて原が北清事変の前後に、東アジアにおける列強間の勢力均衡を日本の安全保障の基本とした外交観の延長にあるといえる。東アジア方面に限定すれば第一である日本の軍事力と日英同盟によって、日本は東アジアの最も有力な勢力となった。東アジアでの勢力均衡を保つためには、南北いずれであっても、中国を支配するようになる勢力と良好な関係を構築し、日英同盟の力でイギリス以外の列強をその秩序に従わせることで、日本の安全保障の確立と権益の維持ができると考えたのである。

たとえば辛亥革命が展開する中、米・英・仏・独の四国の借款団から清国に兵士の費用として必要な資金を貸す話があるが、南方に利害のあるイギリスは革命派との関係から借款に消極的であることが、一九一一年一二月の閣議で内田外相から報告された。これに対し原は、イギリスと共同の方針を取って貸金を不可能にするのがよい、と発言し、それが閣議の決定となった。

他方、元老の山県有朋元帥や陸軍は、辛亥革命の中で日本の満州利権を守るため、ロシアと協議しながら適当な時期に一、二個師団の出兵をすべき、と内田外相に提案してくる。満州への出兵は、原の列強協調の立場から見て論外である。西園寺内閣は出兵要求に応じなかった。

以上、原は内務大臣でありながら、財政方針・軍拡・外交など、内政・外交全般に影響力を及ぼし、実質的に首相の役割を果たすようになった。

地方利益誘導はやらない

ところで、前の第二次桂内閣では後藤新平逓相兼鉄道院総裁が、東京－下関間の鉄道を広軌とし、下関－釜山《プサン》間の連絡船を介して、朝鮮・南満州からシベリア鉄道を通じてヨーロッパまで、広軌鉄道でつなげる壮大な計画を立てていた（小林道彦『日本の大陸政策』）。

この計画を実施すると、東京－下関間という太平洋・瀬戸内海岸の幹線鉄道の輸送効率は格段に向上するが、財源に限りがあるので、まだ完成していない日本海岸の狭軌の幹線縦貫鉄道や、各幹線鉄道から延びる狭軌の地方支線の建設が、著しく遅れることになる。原は、全国に幹線鉄道と支線を建設し、さらに地方の港湾を整備することにより、日本全国に効率的な輸送網を完成させ、各地域の意欲ある実業家を助ける形で、日本全域の産業を発展させようと考えていた。原は、都市部や太平洋側に偏重せず、全国の産業がなるべく平等に発展する条件を整備することに、公共性（公利）を見出したのである。

そこで、第二次西園寺内閣成立の際に、桂は鉄道院総裁に後藤を留任させるよう、原と西園寺に強く勧めたが、原は「弊害」が多いからと更迭することにし、西園寺も同意した。さらに組閣後、一九一一年（明治四四）一二月に財源の見通しがないことを理由に、前内閣の鉄道広軌化計画を中止することを決めさせた。

原は、とりあえず地方幹線鉄道の建設を推進しようとしたが、原も推薦して就任した山《やま》本達雄《もとたつお》蔵相（前日銀総裁）は、原の方針を理解せず、原内相・西園寺首相・松田法相との会合で「消極主義」（公債の発行等を抑制する原則的な健全財政主義）を取ることを述べた。そこで原は、一一月二〇日に西園寺・松田との会合で、一九一二年度においては行政上の大改革をし、その余裕で減税を行い、生産的事業・国防への予算を確保すること、鉄道資金には

運命がカードを混ぜ、われわれが勝負する。

アルトゥル・ショーペンハウエル

公債を募集すること等の覚書を作り閣議に諮ることを提案する（『原敬日記』）。原内相は西園寺・松田らの同意を得て、山本蔵相を原の方針に従わせようとしたのである。

それにもかかわらず、山本蔵相は鉄道建設・改良予算に一九一二年度に限る形で四〇〇〇万円（現在の約五六〇〇億円）しか承認しなかった。一九一三年度以降も毎年同額の予算をつけることを求める原と、大きな隔たりがあった。

原は、西園寺首相が健康上の問題もあって、原と山本の双方に妥協を求めて、無難に政局を乗り切ろうとしていることに、正しいことを行えない、と強い怒りを覚えた。そこで一二月二四日、原は病気を理由に内相と鉄道院総裁の辞表を西園寺首相に提出した。西園寺も、翌朝にそれを天皇に奏上するとまで松田に伝えるほど感情的になった。西園寺は、首相としての自分をないがしろにするような原の行動に憤りを覚えたのである。二人の関係は、第二次西園寺内閣において極度に悪化していった。結局松田法相が仲裁し、新たに建設する鉄道の距離を減らすことで、一二月二六日に原と山本蔵相・大蔵省の妥協が成立した。

ところで原は、経済的合理性に配慮せず、政友会の地盤の確保や他党の地盤の切り崩しのために、鉄道建設等の公共事業を利用したのではないことを、ここで改めて確認しておきたい。

たとえば、一九一一年秋に原が建設改良にこだわった鉄道路線は、前内閣以来の建設改良計画を尊重して、その速成を主張しただけであった。組閣後初めての議会で、一九一二年二月、鉄道院総裁として原は次のように説明している。

日本には、旧日本鉄道線〔現在の東北本線〕・東海道線・山陽線と、青森から下関まで「南半面」はつながり、また福島から秋田を経て青森までは路線がある。しかし、秋田から日本海岸を通り下関まで行く「北半面」は幹線が貫通していない。そこで今回は、新発田《しばた》－村上間の予算を要求して着手する。その先、新潟県下はすでにできており、直江津《なおえつ》－富山間は遠からず完成し、富山－敦賀《つるが》間は通じている。そこで、敦賀－舞鶴《まいづる》間も着手したい。舞鶴から山陰線に出られるので、すでに着手している山陰線を萩《はぎ》まで完成させ、下関につなぎたい、と。

原は、日本海側の幹線鉄道を早く完成させたいと主張しているだけであり、政友会の地盤に鉄道を引くという「我田引鉄」ではない。原・政友会の鉄道建設を地方利益誘導と評価するのは、政友会の反対党である憲政本党（旧進歩党）系新聞の記事などを、一九六〇年代以降研究者などが憶測の下で、無批判に受け入れた結果である。

原の議会説明から二年後の話であるが、政友会と関係が悪くなった元老井上馨が、一九一四年四月に、政友会と敵対する大隈重信内閣の若槻礼次郎《わかつきれいじろう》蔵相と会談した際の政友会批判の次の発言からも、原・政友会が体系的に利益誘導をしていないことが逆に読み取れる。「内相〔大隈首相が兼任〕にも政党関係不可、今日地方官〔知事〕は政友会との関係、悪弊、道路、港湾、テツ道、野田《のだ》〔卯太郎《うたろう》〕・伊藤《いとう》〔大八《だいはち》〕の事、〔山本権兵衛内閣で満鉄の副総裁になった伊藤大八のように〕芸者やの監督さえすれば役人になれるかとの悪口」（山本四郎編『第二次大隈内閣関係史料』四八頁）。

ここでは、知事などの地方官は政友会との関係で悪い習慣ができて、〔道府県の〕道路・港湾・〔道府県もしくは道府県が助成金を出す地方〕鉄道〔の件で政友会系関係者に有利になることをしている〕と批判している。しかし、後述する大正政変を機会に原や政友会との関係が極度に悪化し、原との会見すら拒むようになった井上が、党幹部の就官問題を除けば、鉄道などの利益誘導について原を名指して批判していないことが重要である。このことからも、政友会の利益誘導の問題は、各知事が任地の道府県で政友会幹部と関係が悪化しないよう気配りする程度であったのだと確認できる。

この時期の鉄道政策で、原は第二次西園寺内閣以降の財政難の中でも、外債等を財源に鉄道の建設・改良を推進しようと尽力している（松下孝昭『近代日本の鉄道政策』）。また、鉄道の建設・改良費には鉄道収入を充てることや、鉄道のための特別公債を発行する方針について、閣員の同意を得、それを一九一一年に議会で法律としてほぼ実現させた（三谷太一郎『日本政党政治の形成』）。これらの姿勢が有権者に評価され、政友会の地盤を維持・拡大できたのである。

ちなみに、原が鉄道院総裁時代に地元に直接便宜を図ったのは、盛岡駅の南に小さな仙北町《せんぼくちょう》駅を設置したことくらいであった（『もりおか物語』四巻）。その後は、首相時代を含め、そうしたことはない。

原が唯一便宜をはかった、当時の姿を留める東北本線の仙北町駅。著者撮影

初期の「輿論」・政党と「公共」性

本書ですでに述べてきたように、原は一八七九年に中江兆民の私塾で「公利」という、現代の公共性の源流ともなる用語を学んだが、兆民も原も「公利」の内容を日本の実態に即して理解していたわけでなく、まもなく原は「公利」という用語を使わなくなった。ただ、原が「公利」という概念を、同時代の国家の利益に包含されない何かがあるという形

で、青年時代に知ったことは、大きな意味を持っていく。

他方、一八八〇年代から日本に「公共」や「公益」という形で「公」という用語が使われ始めるが、それは、一般に開かれたものや場所という意味から「私益」でないもの、多くの人の利益という意味以上のものに発展しなかった。それは、一九〇〇年頃になると、都市改造事業などに関連させ、主に地域の共通の利益という形で使われるようになる（第一章）。

このため、この時期の「公共」は、暗黙のうちに国家的利益に従属する形で、地域の問題において多くの人々の共通の利益を実現するという意味で使われる。また、その「公共」性はじっくり考えられた有識者による「輿論《よろん》」によって決められることになる。したがって、地域における「公共」性を実現すれば、それは国家の発展にもつながるとのとらえ方になる。しかし、「挙国一致」が前提となり強調される日露戦争中やその前後は、「公共」という用語は使われなくなる。

ところで、日本において一九九〇年代から頻繁に使われるようになった現代的意味での公共や公共性の意味するところは、(1)同時代の特定の地域・国、さらにそれを越えた地球規模のできるだけ多くの人々の利害を考慮すること、(2)またそれは、同時代の利害のみならず、未来にまで責任を持った利害を考慮することといえよう（地球温暖化対策などがわかりやすい事例）。

したがって、一九〇〇年前後において「公共」という用語は日本にかなり登場することになるが、現代的意味における公共性の概念は未成熟であったといえる。このため、原や立憲政友会の政治家たちは、「公共」という用語をほとんど使わない。それにもかかわらず、原にとって国家的利益や公共的価値観、それを決めるものとして政党や「輿論」は重要である。それがどのようにとらえられたのか、他の政友会の有力者の考えも参照しながら、初期議会期からの流れを簡単に見よう。

初期議会期において、議会で多数を占める民党（自由党など野党）は、総選挙で選ばれたことを根拠に、「輿論」「公論」「公衆」の支持を得ている、として藩閥政府を攻撃し、とりあえず政権への参加を要求した（たとえば、塩田奥造「敢て公論の審判に訴ふ」、「条約改正〔時事〕」〔以上、『自由党党報』第七号、一八九二年一月二五日〕、加藤平四郎「第四議会に対する現内閣の方針如何」〔同第二二号、一八九二年九月二五日〕）。しかし、民党は個別政策要求的であり、それで藩閥政府を批判しても、民党の主張する政策が外交・内政の体系として藩閥政府の推進する政策に比べて公共性があることを示しているわけではなかった。実際、民党には政権担当能力がなかった。たとえば、一八九六年一月に、自由党は、機関誌巻頭の「党論」で自らの政党としての未熟さや統治能力のなさを認めている（同前、第一〇〇号、一八九六年一月二五日〕）。

また、「輿論」などに支持されている、と一方的に主張するだけで、政党と「輿論」との関係や政党組織のあり方も曖昧《あいまい》であった。自由党系も加わり、一八九八年に成立した第一次大隈内閣（隈板内閣）が四ヵ月で倒れたのは、このことを象徴している。

この間、一八九三年段階で自由党幹部の星亨が、自由党員が政策を十分考えて「輿論を起し」藩閥政府に改革を求めることを主張している（星亨「第五議会に対する吾人の覚悟」〔同前、第三三号、一八九三年三月二五日〕）。これは、政治家は選挙民の様々な要望を単に吸い上げて、議会で主張するのでなく、自ら体系的に政策を研究し、選挙民の意見を聞いて考慮し直した上で、議会で取り上げる、という基本的なあり方を示している。英語が堪能でイギリス等に遊学して政党の本質について学んだ星だからこそ持てた考えといえよう。言うまでもないが、国民の様々の要求を十分に考慮せず、汲み上げて実現させたとすれば、国家財政は破綻し、国民にとって大きな不幸が起きる。

星のように突き詰めて「輿論」を考えると、一八九九年の地租増徴法案の議会審議において、賛成する憲政党（旧自由党系）を支持する「輿論」と、反対する憲政本党（旧改進党系）を支持する「輿論」とどちらが本当の「輿論」であるか、と政策の当否が問題となる（星亨「歳費増加案」〔『憲政党党報』第一巻第八号、一八九九年三月二〇日〕）。その意味で、政治家は政策をよく研究して選挙民に訴えなければならない。すでに触れたように、原が初めて総選挙に立候補した際の選挙民への向き合い方は、星の「輿論」への姿勢と同様であり（第四章）、原は政友会を政権担当能力のある政党として発展させていく。

原の公共性思想の形成

一九〇〇年九月に伊藤博文が立憲政友会を創立すると、「輿論を指導して善く国政の進行に貢献」させる（趣旨書）、「国家に対する臣民」が分担する義務を尽くそう（綱領）など と、国家が前面に出て、「輿論」は指導される対象として位置づけられた（『政友』第一号、一九〇〇年一〇月一五日）。その背景には、日清戦争以降に藩閥政府と政党の提携が進み、政党側に政権に加わる可能性が出てくると、政党側が個別利益を求めて腐敗し始めたことがある。東アジア情勢が緊迫化してきた中で、伊藤は政党の腐敗を矯正しようとした。

この時期の原も伊藤の後継者の西園寺公望も、政党は「国家の為めに」「国民の輿論に訴」える（原敬「政府の行動と吾人の主張」『政友』第三一号、一九〇三年三月一〇日）とか、政党は「国民に対する政治の得失」を常に考え、「国家」の利害を訴える「公党」でなくてはならず、「外国人の目」にも「日本国民の進歩の程度」をわからせる言動をとるべき、と「国家」を強調した（「西園寺総裁の演説」『政友』第四〇号、一九〇三年一二月一五日）。

ところが伊藤が政友会総裁を一九〇三年七月に引退し、一九〇六年にできた第一次西園寺内閣の後半で、原内相が内務省のみならず内政・外交全般に影響力を持つようになると、大きな変化が生じる。この頃までに、日露戦争後の日露の緊張が弱まっていた。一九〇七年四月の地方長官会議で、原内相は、(1)「国民の福利を増進」するために、行政上諸種の弊害を除き刷新の成果を上げるべき、(2)総選挙に対し、どの政府も政府への賛成者が一人でも多いことを望むが、つまるところ、それは政府の「私情」であり、総選挙のように国民がその意志を表現すべき「公事」に対しては、少しでも「私情」によって動くべきではない、等と知事たちに訓示した（『政友』第八五号、一九〇七年五月三〇日、「地方長官会議〔時事〕」）。これは「国家の為」を論じることと並立させて、「国民の福利」を論じ、また政府から自立した形で、有権者の意志（「輿論」）を発露させるのを理想とするという意味で、原がより公共性ある社会を目指す構想を示したといえる。

言うまでもないが、伊藤と原の究極の構想は類似していた。原が党を主導する段階になると、政友会の改良や東アジアの国際緊張の緩和で、ようやく本来の理想を打ち出しやすくなったのである。

翌年一月に政友会は、党大会の「宣言」の中で、「東洋の平和」「国運の発展・国民の利益の増進」を唱道する。また西園寺総裁（首相）自身も演説で、「東洋の平和」「国運の発展」「国民の利益を増進」等を論じる（『政友』第九三号、一九〇八年一月三〇日）。

その後、「国利民福」を進めることは、政友会の他の有力幹部の松田正久（前蔵相・法相）や長谷場純孝らによっても唱えられ、同様のことに原もしばしば触れる（『政友』第一一九号〔一九一〇年六月二五日〕、同一二〇号〔一九一〇年七月二五日〕、同一六七号〔一九一四年四月二八日〕、同一六八号〔一九一四年五月二五日〕）。すなわち、西園寺総裁以上に実権を持つようになった原は国家的利益のみに収斂《しゅうれん》されない、平和も含めた国民の利益という、政友会の目標を定着させたのである。

このように原は、「公共」という用語を使わないが、現代的意味での公共性にゆるやかにつながる公共的価値を政友会に持ち込み、外交的にも帝国主義の時代を脱却すべく、まず東アジアに平和が維持できる秩序が形成されることを目指していた、といえよう。

第六章

「一山百文」の公共性

山県有朋との確執

1914年6月18日、政友会総裁に選ばれ、就任演説をする原

二個師団増設問題で倒閣

一九一二年度の予算編成の過程で、一九一一年一一月、原が病気で閣議を欠席しているうちに、陸軍の二個師団増設は行政改革の結果を見て一九一二年度より実施の見込み、と修正されてしまった（前述）。

その後、一九一二年七月二九日夜（公式には三〇日未明）、明治天皇が崩御し、嘉仁《よしひと》皇太子が践祚《せんそ》（即位）して大正天皇となる。

桂太郎は、日露戦争後から原・西園寺らと妥協・協調し、西園寺と交互に組閣してきた。桂は山県系官僚閥の中で山県に次ぐ存在であったが、その立場で政権を担当することの限界を感じ、内心では自ら政党を組織しようと考えるようになっていた。しかし、そのことを山県に察知されてしまったようである。桂は第二次内閣の退陣後、渡欧の旅に出ていたが、明治天皇危篤の報で日本に戻ってきた。

伊藤は約三年前に暗殺されていたので、山県有朋は元老の筆頭となっており、桂を内大臣兼侍従長に就任させ、新天皇の側に置くことに誘導する。内大臣は維新で功績のあった公家三条実美《さんじょうさねとみ》が死去して以来、空席となり、徳大寺《とくだいじ》実則《さねつね》侍従長が代理としてその実務を行っていた名誉あるポストである。しかし、宮中と府中（奥と表の政治）の別という原則から、桂は再び政権を担当できないのみならず、政党を組織することなど論外という立場になった。すなわち政党嫌いの山県は、自分に服従しなくなった桂を、宮中に押し込めたのである。

話を陸軍の二個師団増設問題に戻すと、原の心配した通り、厳しい財政状況にもかかわらず、明治天皇の死後の混乱が一段落するや、陸軍は二個師団増設要求を西園寺首相に迫った。しかし、財源上から、原内相も西園寺首相も、認める気はなかった。結局、一九一二年一一月中旬には、原・西園寺・松田法相と山本蔵相は、陸軍が二個師団増設の一歩として、小兵力の増加計画を次年度から少しずつ実行したい、と提案してきても、一切認めない方針を立てた。

しかし原は、陸軍に対し強い姿勢を示しながらも、増師問題で上原《うえはら》勇作《ゆうさく》陸相が辞任し、内閣が倒れることは、できるなら避けたいと思った。一九〇〇年の陸軍省・海軍省官制改正で、一八八九年発布の大日本帝国憲法にある統帥権の独立を具体化させ、陸・海軍大臣はそれぞれの省の現役の中将もしくは大将でなくてはならない、と規定された。陸軍の要求が受け入れられずに陸相が辞任すれば、当然、陸軍は後任陸相を出さず、第二次西園寺内閣は倒れる。

日露戦争後において、こうした場合に、桂は陸軍の長老で前首相として、いつも陸軍と西園寺内閣の間を仲裁してくれていたが、今回は協力的ではなかった。一一月一六日に桂を訪問した原は、そのことに気づいた。二五日に再び訪問しても、桂はわずかでも翌一九一三年度からの「増師」を実施すべきだと主張し、原・西園寺・松田らの一九一四年度からの実施という案に妥協しなかった。

結局、二八日の閣議では、上原陸相が陸軍経費の節減よりも「増師」を決定するのが先であると主張し、それが認められなかったので、西園寺首相に辞職を申し出た。事の大きさに、上原はいったん妥協姿勢を示すが、三〇日以降再び強硬になる。しかし、これまで陸相もしくは海相が内閣を倒した例はない。このような大事は、一介の陸相上原の判断で行えることではない。

原は山県の策動を疑ったが、山県は妥協を探っていることが判明し、また風邪《かぜ》で小田原にいたため、一一月三〇日まで東京に戻れなかった。二九日に「増師」で弱気になった上原を煽って強硬姿勢へと誘導したのは、桂内大臣だった（山本四郎『大正政変の基礎的研究』）。桂は、「増師」問題をきっかけに倒閣させて混乱を引き起こし、それを利用して再び表の政治に復帰しようという野心を抱いたのであった。

このため、西園寺内閣と陸軍の妥協はならず、一九一二年一二月五日に西園寺内閣は総辞職した。これが、大正初期の大きな政治変動、大正政変の始まりである。

大正政変への冷静な対応

ジャーナリズムの報道もあり、世論《せろん》は、国民が不況下の重税に苦しんでいるにもかかわらず、二個師団増設要求を強引に進めようとするのは、陸軍と「長州閥」、その背後にいる山県や桂らが連携して策動しているのだと見て、激怒した。藩閥官僚批判の声が高まる中で、元老山県・松方正義・井上馨・大山巌らは八回の会合を開いたが、後継首相候補を決められなかった。結局、桂の目論見通り、元老会議は桂を天皇に推薦し、一二月二一日に第三次桂内閣が発足した。

桂内閣は、外相に加藤高明（前外相・駐英大使）・蔵相に若槻礼次郎（前大蔵次官）ら東京大学やその後身の帝国大学卒の新進官僚を重要閣僚につけた点が、新鮮である。また山県系官僚閥中でも、桂系といえる大浦兼武《おおうらかねたけ》（内相）・木越安綱《きごしやすつな》（陸相）や、第二次内閣でも桂の腹心として重要な位置を占めた後藤新平が再び逓相兼鉄道院総裁として入閣したことが、特色である。木越陸相を除いて、桂は彼らを、これから作る新政党の幹部として期待していた。

この間、原のおひざ元の政友会盛岡支部を発端として、政友会地方支部から「閥族」の横暴を攻撃する決議が続々となされる。さらに、一二月一四日には慶應義塾出身の社交クラブ交詢社《こうじゅんしゃ》有志の発起で、閥族打破・憲政擁護をスローガンとする憲政擁護会が組織された。ジャーナリズムのスター的政治家であった尾崎行雄（政友会）・犬養毅《いぬかいつよし》（国民党）らも参加した。このような運動は、憲政擁護（護憲）運動といわれ、一四日はその開始を告げる日となった。

その後、一九日に憲政擁護会は東京市の歌舞伎座で、二〇〇〇人を超える聴衆を集めて大会を開いた。尾崎や犬養の他、新聞記者団を代表して本多《ほんだ》精一《せいいち》（大阪朝日新聞社客員）が演説を行った。多くの新聞は護憲運動を支持し、この大会の後に運動は東京や名古屋・大阪を中心に、地方都市にまで広がっていく。

原は護憲運動に直接関わらず、つかず離れず見守る姿勢であった。それは原が、国民がよく考え抜いた意見である輿論《よろん》を尊重する政治を理想とし、感情に影響された世論《せろん》からは距離を取る姿勢だったことと関係している。こうした姿勢は、中江兆民から「公利」について学んだ後、自由民権運動期以来、一貫したものだった。

原は山県系官僚閥を打倒し、政友会を中心に輿論にもとづく政党政治を実現することを、公共性（公利）実現の一歩ととらえていたが、そのためには世論に流されず、また世論にも配慮することを大事だと考えていたからである。

薩摩派の山本内閣成立に協力する意図

第三次桂内閣が成立して一ヵ月ほど経った一九一三年（大正二）一月二〇日、桂首相は新党を組織する計画を公表し、政権担当者であることを活かして、他党の切り崩しを開始する。桂は元来、山県を盟主とする陸軍的政治に限界を感じており、この時点でも、軍部大臣現役武官制の改正や二個師団増設延期など、陸軍とは一線を画した改革的政策を構想していたが（北岡伸一『日本陸軍と大陸政策』）、世論は桂内閣を山県系官僚閥と陸軍が一体化したものとして、批判し続けた。このため、新党に加わったのは、第二党国民党の半数（反犬養派）と官僚系政派の衆議院議員にすぎなかった。新党に参加した衆議院議員は、最終的に総議員数の四分の一にも達せず、桂の目論見は大きく外れた（新党は桂の死後、同年一二月に立憲同志《りっけんどうし》会《かい》として結党。加藤高明〔前外相〕が総裁となる）。

二月五日、衆議院の周りが桂内閣を批判する群衆に取り巻かれるという騒然とした状況の中、内閣不信任決議案が緊急上程された。政友会議員だけで五六パーセントを占め、第三党となった国民党も連携しているので通過は確実であった。そこで桂首相は、九日まで議会を停会とし、大正天皇から西園寺総裁に、目下の混乱を解決し天皇の心を安らかにせよ、との勅語を出させた。九日午後に勅語を受けた西園寺は、そのことを政友会員に伝えるが、党員はかえって桂に「憤慨」した。

議会の停会が解ける翌二月一〇日正午頃には、数万の群衆が議会を包囲し、警備の三〇〇〇人以上の警官や騎馬憲兵とにらみ合う緊迫した状況となる。桂首相は流血の事態が生じることを恐れ、全閣僚の辞表を提出した。

時局を収拾するため、元老山県は西園寺に組閣を勧めたが、引き受けなかった。西園寺は政権を担当しようとする意欲を失っていた。西園寺の提案で、元老は薩摩海軍の長老山本権兵衛（前海相）を後継首相として天皇に推薦することに同意した。原は護憲運動で動揺している秩序を回復するため、西園寺・松田らと協議し、政友会が山本内閣に協力することにした。原は「閥族打破」を叫んだ政友会が薩摩閥族の一人である山本を助けるのは不都合である、との批判を甘受した。実際、一〇〇名以上の群衆が原の家に押しかけた日もあった。

こうして、一九一三年（大正二）二月二〇日に山本内閣が成立した。一〇人の閣僚中、原ら政友会側で選定した者は、原（内相）・松田（法相）・山本達雄（農商相、前蔵相）・元田肇（逓相）の四名である。山本首相側も牧野《まきの》伸顕《のぶあき》（外相、前文相・農商相）・高橋《たかはし》是清《これきよ》（蔵相、前日銀総裁）・奥田《おくだ》義人《よひと（よしひと・よしと）》（文相、前法制局長官）と山本の四人を選んだ。注目すべきは、山本達雄と高橋・奥田が入閣後に政友会に入党し、政友会は一〇人の閣僚中、六人を占めるに至ったことである。陸相は桂系の木越安綱、海相は薩摩系の斎藤実《さいとうまこと》で、いずれも留任であった。

原は従来の政党員でない大物官僚が入閣して政友会に入党するのを歓迎した、これは政友会が政権を担当できる政党として強化されるからである。この五年七ヵ月後に念願の原内閣ができた時、高橋は蔵相、山本達雄は農商相に再び就任し、政友会員の有力経済閣僚として内閣を支えている。

山本内閣での政治刷新と政友会強化

原は政友会を与党とする山本内閣の内相であったが、山本首相と対等の閣僚として、全政策に影響力を揮《ふる》う。第一次護憲運動の空気を利用しながら、原は改革的政策を実行し、かつ秩序を取り戻そうとした。すなわち、世論を鎮め輿論を探りながら育成しようとしたのである。

まず原内相は、山本首相と連携し、山県系官僚閥の最重要拠点となっていた陸軍の力を削ごうとした。山本は西園寺内閣時代、海相として軍備拡張計画などで内閣に協力姿勢を示してくれたからである。山本内閣は、同年六月一三日の陸海軍省官制改革で、陸・海軍大臣の任用資格を、大将・中将は同じであるが、予備役・後備役（現役を退いた軍人）にまで拡大した。予備役・後備役の軍人は、政党にも加入できる。桂系の木越陸相は、海軍長老でもある山本首相に抑え込まれ、山県系の長谷川《はせがわ》好道《よしみち》参謀総長らが中心となって抵抗したものの、山本首相に押し切られた。この改革は、一九〇〇年に第二次山県内閣下で山県が行った、陸軍の内閣からの自立性を強めようとする官制改革（法令的には海軍も同様に自立性が強まる）の効力を、大幅に減じるものだった。

　このため陸軍内の反発も強く、官制改革から一〇日ほどで木越陸相は体調を崩して辞任する。後任の陸相はこれまで山県ら陸軍長老を中心に実質的に選定する慣行があったが、山本首相はそれを無視し、楠瀬《くすのせ》幸彦《さちひこ》中将（土佐出身）を一本釣りした。楠瀬は山県から好まれておらず、陸軍次官や軍務局長など中央の要職に就いたことすらなかった。

　第二に、原は山本首相と連携し、陸軍の「増師」を一九一四年度予算には提出しない方針とした。すでに述べたように、第二次西園寺内閣最末期に、原内相・西園寺首相らは、一年空けて一九一四年度には「増師」を提出する妥協案を示した。しかし、上原陸相が「増師」で内閣を倒したので、陸軍に今後こういうことがないようにとの懲罰を行ったのである。日露戦争に勝利してロシアの脅威が去ったので、二個師団増設の開始が多少遅れても、中国大陸に不必要な出兵さえしなければ、日本の安全保障には影響しない、と原は考えたからである。

　第三に、原が中心となって文官任用令を改正し、勅任官（次官・局長などの高級官僚）の自由任用範囲（高等文官試験合格者などの資格を必要としない範囲）を拡大した（一九一三年八月一日勅令公布）。それ以前は、一八九九年の第二次山県内閣の改正の結果、山県の意図を反映し、自由任用の範囲が内閣書記官長（閣僚ではないが、現在の内閣官房長官）と大臣秘書官のみに限られていた。山本内閣の改正で、自由任用範囲を、陸海軍省を除く各省次官、法制局長官、警視総監、貴族院・衆議院の書記官長、内務省警保局長、各省の勅任参事官にまで広げた。

言うまでもないことではあるが、原はこの改正を、行政能力のない政友会員が次官などの高級官僚となり、当人や党関係者が利益を得るという、政党側の利権としてはとらえていなかった。原ら政友会閣僚は、新たに自由任用になったポストにも、文官高等試験合格者などの資格のある官僚を任命した。日露戦争後には帝大出の試験任用者が、本省の局長や各地の知事クラスにまで進出し始めたが、山県系官僚閥の力は根強かったからである。これは、山県系官僚閥の顔色ばかり見て、政党を背景とした内閣の方針には従わないようでは、昇進や身分の保障はおぼつかないぞ、と圧力をかけるのが目的であった。すなわち原は、選挙で選ばれた政党勢力を背景とした内閣が、帝大などを出て専門知識を持つ官僚を山県系官僚閥の手から奪うことが、公共性にかなうと考えたのである。

第四に、原は山本首相から託されて、行政の無駄を省く行政整理の責任者となり、組閣後四ヵ月も経たない六月一三日に内閣の行政整理案を迅速に発表した。この結果、五三〇〇人に及ぶ官吏の削減を行い、年額三四〇〇万円（前年度予算の五・九パーセント）を削減した。

しかしながら、山本内閣は財源が難しい中、予算年度の途中で成立したので、前年度予算を踏襲することになり、鉄道建設・改良や港湾修築などを積極的に行う新しい政策ができなかった。それを熟知していた原内相は、それらを積極的に主張しなかった。その代わりに、原や山本内閣・政友会は、陸・海軍大臣任用資格の緩和、文官任用令改正、行政財政整理と「増師」実行の延長等を国民の輿論に積極的に訴えた。

山県系官僚閥への反感もあり、山本内閣の改革姿勢と、できないことを煽らない誠実な態度は好評だった。陸軍の長老で元老の最有力者である山県も、なすすべなく見守るしかなかった（伊藤之雄『山県有朋』）。

ところで、原は行政財政整理が一段落すると、六月下旬に松田法相と相談し、二人が閣外に去ることで合意した。原が四ヵ月ほどで山本内閣の閣僚を辞任したいと考えたのは、同内閣が倒れる場合に共同責任を負うことを避けるためと思われる。一〇月にも原は山本首相に辞意を示すが、山本に引き留められた。

他方、西園寺総裁は、第三次桂内閣を助けよという勅語に従えなかったこと（「違勅問題」）を理由とし、山本内閣成立直後から総裁辞任の意向を原らに示した。原は第三代政友会総裁になる意欲満々であったが、党内の党人派の中の不平分子が松田正久を擁して脱党するような内紛が起きるのを警戒し、慎重な行動を取った。ところが九月中旬に西園寺は脳出血を発症、一一月上旬には松田が胃がんで余命二、三ヵ月と知らされる（松田は翌一九一四年三月四日に死去）。こうして、原が政友会総裁になっても党内は動揺しない状況が形成された。

次の第三一議会（一九一三年一二月～一四年三月）を無事に終えて、原は内相を辞任し、第三代政友会総裁となって閣外から山本内閣を支えることを考えた。そうすれば、一九一四年内か一五年頃には山本首相の推薦で、初めての本格的政党内閣である原内閣を組織するのも夢ではない。

無念のシーメンス事件

ところが、第三一議会中の一九一四（大正三）年一月二三日、東京・大阪各紙の朝刊は、ドイツのシーメンス・シュッケルト社東京支店員が軍艦の注文をとるため、日本海軍の高級将校に賄賂《わいろ》を贈ったことを掲載した。シーメンス事件が表面化したのである。収賄した将校は検挙され、海軍軍法会議にかけられた。山本首相は海軍の長老であったため、議会やジャーナリズムで山本内閣批判の声が高まった。

　原は、政友会と関係のよい平沼騏《ひらぬまき》一郎《いちろう》検事総長に収賄の実態を聞いた上で、二月八日に山本首相と面会して、山本が直接事件と関わりがないことを確認した。しかし、山県や山県系官僚閥にとって、この事件は願ってもない権力回復のチャンスであった。政友会が多数党である衆議院は、海軍に責任を取らせる意味で、六年計画の海軍充実費を三〇〇〇万円削減したが、山県系が主導する貴族院はさらに四〇〇〇万円削減する修正を行う。合計七〇〇〇万円（海軍充実費の四五・五パーセント）を削られると、充実計画はズタズタになる。結局、対等の権限を持った衆議院と貴族院の妥協はならず、三月二三日に一九一四年度予算は不成立となった。

　原は海軍の汚職は汚職として裁かれるべきであるが、それを山県系が倒閣に利用するのは断乎として阻止すべきと考えていたが、三月二四日に山本首相は辞表を出し、内閣は倒れた。

　山本首相は辞表提出の際に、大正天皇の摂政的役割を果たしていた伏見宮貞愛《さだなる》親王《しんのう》に、後継首相は原が適当だと申し送り、大正天皇からの「御尋ね」にも、後任として原の名を挙げたと原に告げた（『原敬日記』）。シーメンス事件という、原や政友会に関係のない海軍の汚職事件がなかったら、またこの事件が起こったとしても、原が希望を通して前年夏か秋までに閣僚を辞任していたら、実際よりも三、四年早く、政友会を与党にした本格的な政党内閣である原内閣ができていた可能性がある。

しかし、病弱で即位後わずか一年半の政治経験に乏しい天皇に、政治上の影響力はほとんどない。山県ら元老は、山本内閣批判の世論が渦巻く状況を、原を後継首相候補者から外すチャンスととらえた。

結局、山県が後継首相を推薦する元老会議をリードする形で、四月一六日に第二次大隈重信内閣が誕生した。山県は大隈内閣に、二個師団増設と政友会の勢力削減などを期待した。

新しい内閣は、立憲同志会（旧桂新党）の陰の実力者大隈が首相兼内相、同志会総裁の加藤高明が外相、大浦兼武（前内相、元山県系官僚だが桂系で同志会入党）が農商相（のち内相）、若槻礼次郎（同志会、帝大出の大蔵官僚で桂に近い、前蔵相）が蔵相などと、同志会など政友会と対立する政党側が主要ポストを固め、九人の閣僚中六人を占めた。ジャーナリズムの評判もよかった。

同志会が衆議院で多数を占めるため、一年ほどの間に大隈内閣下で総選挙が行われることが予想された。政友会の事実上の総裁として、原は総選挙と、元老山県や山県系官僚閥の政友会への圧迫に対応すべく、党の体制を整備し、かつシーメンス事件で傷ついた政友会のイメージを回復しなくてはならない。

原が期待したのは、山本内閣成立時に閣僚となり入党した高橋是清・山本達雄・奥田義人であった。同内閣が総辞職すると間もなく、原は彼らに、今後も政友会員として尽力するよう、話をつけた。彼ら三人を相談役（政友会の有力者、合計一三人）に加え、五月初めにかけ、相談役会で党の方針を決めた。これは、不利な状況下で、幹部の中の不平不満分子が他の議員を率いて脱党することを防ぐ配慮である。

この間、原にとってもう一つ、大きな不幸が起きた。当時としてはきわめて高齢の九〇歳になっていた母リツの病状が悪化したことである。原は四月一六日に内相を大隈に引き継いで正式に辞任した後、一七日に盛岡に向かい、一八日早朝に盛岡駅に着いた。早朝にもかかわらず、駅には岩手県の政友会幹部や衆議院議員、岩手県内務部長（県庁で知事に次ぐ高官）ら二百余名が出迎えた。

原はさっそく盛岡別邸に入って、母を見舞った。その後、第三一臨時議会の関係から（召集五月四日、閉会七日）、五月二日に一二時間かけて東京に戻り、八日午前一一時過ぎに再び盛岡に戻った（今回は堤定次郎《つつみていじろう》知事以下、さらに多数の人々が出迎え）。リツは九日未明に永眠し、原は一二日に菩提寺の大慈寺《だいじじ》で、旧藩時代の原家の格式を準用して、有力政治家の母リツの葬儀としては、簡素に執り行った。それでも一五〇〇名もの人々が会葬した。

原はリツの死について、数えで九二歳まで生きたことは不満足ではないが、ますますの長生きを望んでいたのに大変残念である、しかし自ら看病ができ、臨終に間に合ったのはせめてもの幸いである、と日記に書いた。その葬儀を通し、リツが盛岡市民から親しまれており、反対党の大隈内閣下においても、原の威信や権力基盤に揺るぎが見えないことを確認して、心を強くしたことであろう。原は奥田義人・元田肇ら相談役である党幹部に促され、リツの死去に伴う諸事を済ませて五月二五日に東京に戻った。

総裁就任と「一山百文」の公共性

原が東京へ戻ると、以前から問題になっている西園寺の後継総裁問題が待っていた。原は、幹部の中で反原的な行動をしがちな元田肇らの気持ちを傷つけないように、巧みに動き、一九一四年（大正三）六月一〇日に京都で西園寺と会見し、原の提案が了承された。それは、原が総裁、西園寺が元老として国家に尽くそう、という住み分けであった。これは一年三ヵ月前に原に宛てた西園寺の手紙にも見られたように西園寺の構想でもあった。こうして六月一八日の臨時党大会で、原は第三代政友会総裁に就任した。一九一一年八月の第二次西園寺内閣成立前には、閣僚の選定などに見られるように、原は実質的に政友会第一の実力者になっていたが、これで名実ともに政友会のリーダーとなったのである。

この頃の原の精神の充実を示すものが、二つある。一つは、神奈川県腰越津《こしごえつ》村（現・鎌倉市腰越）に別荘を建てようと地所を買い入れ、一九一三年一〇月七日、妻の浅名義で登記したことである。地所の買い入れ代金は、謝礼や登録税等を含めて約六六〇〇円（現在の九〇〇〇万円くらい）で、地目は畑や山林で一四六一坪（里道を廃道にした分を除く）であった。この時、原は五七歳。すでに述べたように、一九〇九年に盛岡別邸を完成させ、翌年には母リツの米寿の宴を盛大に行っていた。その後、山本内閣では三度目の内務大臣を務め、首相とともに内閣を取り仕切っていた。

原が新たに腰越に別荘を持つのは、政治家としての充実感の表れといえる。原は自分が急死した場合に備え、浅の隠居所に好都合な場所でもある、と別荘を浅の名義にした思いやりを日記に書いている。

この別荘は一九一五年三月に完成し、母屋や離れ家などの総建築費は、約一万三〇〇〇円（現在の一億七〇〇〇万円くらい）かかった。別荘の土地と建物を合わせると二万円近くに上る。原は、一九一三年一二月まで古河鉱業の顧問的役割を務めた功績に対して慰労金（謝礼）を与えられている。それを別荘の資金に充てたと推定される。別荘完成後の三番目の招待者として、古河鉱業の古河虎之助社長と重役たちを招いたのも、その傍証となる。

興味深いのは、別荘に最初に招かれて来訪したのは、腰越津の村長・村会議員・医師ら

十七、八名の地元の人々であったことである。のちに、これまでの首相のように爵位を持っておらず、庶民の感覚がわかる人であると、「平民宰相」と親しみを込めて呼ばれる原の「平民」性がここにも表れている。

高台にある腰越別荘の書斎からは、相模《さがみ》湾（太平洋）を見下ろすことができた。周りの林から野鳥の声が響き、裏山の散歩も楽しみであった。東京の自宅から別荘まで、列車と自動車を乗り継げば三時間以内で着けることは、忙しい原にはちょうどよい距離であった。原は竣工の翌一九一六年には、腰越別荘に二一回行って四七泊もしている。

原の別荘は、他の政治家のように政治家同士が会談するためのものではなかった。主に一人で政治・外交等の思索を深める場であり、趣味の俳句をひねる場でもあった。原の句帳に残った句のほとんどが一九一五年以降のものである（『原敬日記』第六巻）。

原の俳句の印形《いんぎょう》（自作の句にサインとして押す印判）からも、原の精神の充実をうかがい知ることができる。原は「一山百文《ひとやまひゃくもん》」（戊辰戦争の際、薩長側が東北諸藩を「白河以北一山百文」（白河の関以北は一山百文の値打ちしかない）と蔑《さげす》んだ言葉）、「東夷迂人《とういうじん》」（東国の野蛮な、世事に疎い人）と、一見自分をおとしめるような印形を一九一四年頃には使うようになったと推定される（田口生『原敬・研究ノート一・二』）。これは、藩閥官僚らの権力にまけず、公共性・公利を実現するためここまでやってきた、という自信の表れである。

原の活動は、歴史書にも及ぶ。自ら費用を負担し、一九〇三年から八年以上もかけて編纂した南部家と南部藩（盛岡藩）の歴史書、『南部史要《なんぶしよう》』（一九一一年八月二八日発行）である。原はこの歴史書を公平でわかりやすいものにしようとし、自ら校閲まで行った。刊行の意図は、維新の際に「朝敵」の汚名を着せられ、不当に扱われた南部藩の歴史と、維新の際の行動がやむを得ないものだったという正当性を主張するものだった。『南部史要』は、刊行まもなく京都帝国大学文科教授の内藤虎次郎《ないとうとらじろう》（湖南《こなん》、東洋史の大家）から寄贈の依頼があり、贈呈したところ極めて高く評価された。

維新の際の南部藩の行動が正当であったとの主張を原らが改めて公然と行ったのが、旧南部藩士「戊辰殉難者五十年祭」である。「五十年祭」は、一九一七年（大正六）九月八日に、盛岡市長北田《きただ》親氏《ちかうじ》を発起人として、旧南部藩主の菩提寺である盛岡市の報恩寺《ほうおんじ》で行われた。旧藩主南部利淳《としあつ》伯爵の祭文朗読に続き、原が「旧藩の一人原敬」として、「戊辰戦役は政見の異同のみ、当時勝てば官軍負くれば賊との俗謡あり、其真相を語るものなり」等の祭文を読み上げた。すでに述べたように、原は一〇代後半には薩長への怨念という負の感情を克服し、建設的かつ積極的に生きてきた（第一章）。しかしそれでも心の奥にわだかまっていた負の感情を、『南部史要』や「五十年祭」を通して、最終的に捨て去ったのである。

第七章

平民宰相誕生

世界大戦後のヴィジョン

原内閣閣僚と有力政治家たち。前列左から三浦梧楼、高橋是清、後藤新平、伊東巳代治、原、犬養毅、末松謙澄、中橋徳五郎、田中義一

第一次世界大戦と二十一ヵ条要求

原の好まない大隈重信内閣が誕生して二ヵ月少し経つと、オーストリア＝ハンガリー帝国の皇位継承者夫妻が暗殺された。これをきっかけに、オーストリアとセルビアの戦争が起きる。すでに触れたように、この小戦争に対し、協商や同盟関係にあるヨーロッパ各国が互いの疑心暗鬼から戦争準備を進めたので、イギリス・フランス・ロシアなど連合国（協商国）と、ドイツ・オーストリアなど同盟国の列強を巻き込んだ大戦争が、一九一四年（大正三）八月上旬に始まった（第五章）。

八月二三日、日本は日英同盟を理由にドイツに宣戦布告し、第一次世界大戦に連合国側に立って参戦する。その後、一〇月には赤道以北のドイツ領南洋諸島を占領し、一一月にはドイツの極東根拠地である中国の青島《チンタオ》を占領した。

原は、大隈内閣が目前の戦争への対応にばかり気をとられ長期的展望がないと見て、批判的であった。アメリカは中立の立場を取り第一次世界大戦に参加していないが、米国との連携を重視すべきだと思っていた。日本が米国と同盟を結べるとは考えていなかったが、中国問題を解決するには、米国との摩擦を起こさない方策を取る必要があり、米国の感情は多少の犠牲を払ってでも緩和すべきである、という意見であった。原は、大隈内閣の外交を指導している加藤高明外相が、日英同盟を重視するあまりアメリカとの関係を相対的に軽視している、と見たのである。

原は大隈内閣の外交に強い不満を持っていたので、大隈内閣を倒すため、内閣が第三五議会で二個師団増設法案を出してくると、それを否決して、両者を選挙の争点にしようとした。こうして、一九一四年一二月二五日に衆議院は解散され、翌年三月二五日に第一二回総選挙が行われることになった。

総選挙に向けて原は、第一次世界大戦の最中に連合各国は表面上は日本に厚意を示しているようであるが決してそうではないように見える、と論じ、大隈内閣の外交を、いたずらに「強硬を装」い「小策」を使っているようである、と批判した。また、兵器や戦術・戦略や戦争観などが大きく変わっていく第一次世界大戦の状況を反映させ、将来に備えて十分な国防計画を立てるべきなのに、二個師団増設を急ぐのは問題である、とも批判した。その他、国家の発展のため、鉄道を延長し、改良する必要がある、とも主張した。ここでも、個別の鉄道や公共事業への言及がないのは、真の公共性・公利を重んじる原の姿勢が一貫しているからである。

外交や国防を中心に輿論《よろん》に訴える、という原の手法は正道であったが、輿論と世論が混在した有権者の気持ちをとらえたのは、大隈首相であった。

当時まで日露戦争の疲弊による不況が続いていたことについて、大隈はその原因を、それまで政権を担当していた藩閥官僚勢力（桂内閣や山本内閣）と立憲政友会の腐敗・情実や政友会の積極政策と公債による「借金政策」に結びつけた。大隈は不景気を政友会の「大きな政府」政策のせいだとし、「小さな政府」にすれば好転する、と論じたのである。また、二個師団増設については五〇〇〇万円で足りるとし、先年山本内閣が「六〇〇〇万円」もの海軍費を提案したのに政友会が黙認したのは矛盾している、とも論じた。

大隈は選挙戦の終盤に臨み、三月一六日から東海道本線を大阪へ、さらに北陸本線を金沢へ、次いで名古屋を経て東京へ、と正味三日間の遊説を行った。道中、列車の窓から、あるいは展望車のデッキから、各駅で停車する時間を利用して、短い演説をした。大隈は駅で待ち受けた人々から大歓迎を受け、有力新聞で大々的に報じられて、大隈を支持する声は全国に広まっていった。七七歳の大隈がエネルギッシュに旅を続け明るくふるまう姿に、この大物政治家が長い不況による沈滞した空気を吹き飛ばしてくれる、という期待を人々は抱いた（伊藤之雄『大隈重信』下巻）。

総選挙は、原にとって予想外の政友会の大敗に終わった。二ヵ月後の第三六特別議会に臨んだ衆議院議員の数は、政友会一〇四名（解散時一八四名）に対し、大隈内閣の与党は立憲同志会一五〇名（同九五名）、中正会《ちゅうせいかい》三六名（同三六名）、無所属団（大隈伯後援会と無所属）五七名の三政派を合わせると、二四三名にも達した。大敗の原因を、原は与党側の投票買収、警察の政友会候補者への圧迫や地方庁での得票予測における内閣への協力などの「選挙干渉」のためである、と断言した。確かに大隈内閣は成立直後に政友会系と見なされた神奈川県や新潟県の知事ら七名を休職とするなど、一九県の知事を異動させて総選挙に備えた。また、大隈内閣の選挙干渉の激しさは、デモクラシーの唱道者として著名な吉野《よしの》作《さく》造《ぞう》東京帝大法科教授を大きく失望させている（小山俊樹『憲政常道と政党政治』）。

しかし原因はそれ以上に、すでに述べた大隈の人柄と、輿論と世論の双方をつかむ巧みな争点設定と、訴えかけの技術であった。この点で、原は生真面目で、大隈の敵ではなかった。

この大敗にもかかわらず、原総裁は西園寺に、「正義公論《こうろん》」で押し通すしかないと同年四月に手紙を書いたようで、西園寺から支持を得ている。政友会の第二代、三代総裁は、小手先の党利党略で政友会の勢力を回復するのではなく、「正義公論」で輿論の支持を求めるという正統的政治姿勢を貫く覚悟を変えなかった。

なお詳しい説明は、これから刊行する明治期に関する別論に譲るが、維新期以降に使われる際、「公論」と「公議《こうぎ》」の用語は混同されることが多いものの、木戸孝允など一部の識者には、「公論」は少数でも将来正しいと理解される意見、「公議」は単にその時点での多数意見との厳密な区別がなされていた。維新期に木戸に、この時点で原に期待されていた西園寺は、木戸と同じ意味で「公論」を使っているのである。

その後、大隈内閣は衆議院の過半数の与党勢力を背景に、同年五月から六月の特別議会で二個師団増設も含んだ予算を可決し、元老山県ら陸軍を満足させる。

ところで、総選挙の約二ヵ月前、大隈内閣は中国の袁世凱《えんせいがい》政権に対して、旅順・大連の租借期限の九九ヵ年延長や、満蒙権益の拡大など、二十一ヵ条の要求をした。これらは、ロシアが清国から得ていた権益を、日本が日露戦争に勝って受け継いだものの期限の延長や、それを少し拡大しようとするもので、帝国主義の時代の列強間の慣行を大きく逸脱するものではなかった。

問題となった事柄は、二十一ヵ条の要求を第一号から第五号に整理したうち、主に第五号要求にあった。それは、日本当局は内々で希望条項としていたが、中国の中央政府に政治・財政および軍事顧問として有力な日本人を雇うことなど、独立国としての中国の主権を侵害し、中国を日本の保護国とするような内容を含んでいた。これは列強の中国での利権を大きく侵害する可能性もあり、同盟国イギリスにも秘密にされていた。二十一ヵ条要求が列強の基準からみても、このように強圧的なものになったのは、加藤外相が陸軍の要求を抑えきれないにもかかわらず、自分で外交を取り仕切ろうと、大隈首相や元老の助力も求めず、陸軍の要望をそのまま取り入れたからである（伊藤之雄『大隈重信』下巻）。

中国は日本の要求に憤り、列強に第五号要求を暴露した。アメリカやイギリスは、第五号要求の内容を知ると日本への警戒心を強め、アメリカは中国を擁護した。

元老の指導もあり、大隈内閣は当初から希望条項であった第五号要求を撤回し、軍事行使も辞さない姿勢で、五月九日を期限とする最後通牒《つうちょう》を発し、第一号から第四号の要求をおおむね承諾させた。中国では激しい日貨ボイコット運動が起こり、以降五月九日は中国の反日ナショナリズムを鼓舞する記念日となる（奈良岡聰智『対華二十一ヵ条要求とは何だったのか』）。

これらは、中国との親善、アメリカ・イギリス、とりわけアメリカとの連携を重視する原にとって最も恐れていたことであった。原は議会で加藤外相を批判する一方、嫌いな元老山県をも訪問し、大隈内閣を倒す手がかりを見つけようとした。

外交転換のため山県系と連携

さて、政友会の勢力削減と二個師団増設が実現されたものの、元老で政界の実力者山県は、元老に前もって相談や報告もせずに、二十一ヵ条問題などを進めた加藤外相には強い不満を持っていた（結局、加藤外相は同年八月に辞任）。翌一九一六年（大正五）六月になると高齢の大隈首相は引退を考え、一〇月四日、文中に加藤高明（同志会総裁）を後継者として推薦する、と書いた特異な辞表を大正天皇に提出した。山県・松方・大山巌に新たに西園寺公望を加えた元老会議は（井上馨は前年九月に死去）、山県系官僚の寺内正毅《てらうちまさたけ》元帥（前陸相・朝鮮総督）を後継首相に推薦し、寺内が組閣する。寺内内閣は、寺内と個人的に親しい後藤新平らや山県系官僚で閣僚を固め、政党からの入閣者のない超然《ちょうぜん》内閣として出発した。

この間、原は山県が原と政友会を嫌っていることを知っていたので、自身に政権が回ってくる可能性がないことはわかっていた。西園寺は再組閣する気がなかった。そこで、まず大隈内閣を倒し、日本外交の転換を図ることを最重要課題とし、寺内内閣など山県系の内閣ができる方が望ましいと見た。原は同じ岩手県出身の後藤新平（旧桂系官僚で、寺内内閣の内相兼鉄道院総裁に就任）と連絡を取り、組閣直前には寺内と意思疎通を図った。

他方、寺内内閣組閣の翌日、同志会を中心に大隈内閣与党が合同して憲政会が組織され、加藤高明が総裁となる。大隈は、この動きを支援した。

一九一七年一月中旬になると、寺内首相は、原と犬養毅（国民党の党首格）との会談で、中国に対して領土保全・内政不干渉の方針を取ると述べ、大隈内閣の外交からの転換を明言した。この前後から、原・政友会と寺内内閣の提携が進んだ。

このため一月二五日に憲政会・国民党が内閣不信任案を提出して衆議院は解散となっ

た。原は、寺内内閣が政友会候補者に金銭の補助をしないことを求めつつ、他方で憲政会の有権者への買収を取り締まること、露骨な憲政会系知事を罷免することを内閣に要求した。これに応じ、後藤内相は知事五名を休職にした。大隈内閣に選挙干渉をやられたからには、寺内内閣と提携してでも多数党の地位を奪回する。それが、第一次世界大戦後を見通して、外交も含めた日本再生を実現する道の始まりだ、と原は考えたのである。

四月二〇日の投票の結果、第三九特別議会に臨んだ衆議院議員の数は、政友会一五九名（解散時一一一名）、憲政会一二一名（同一九七名）、維新会四三名、国民党三五名（同二八名）等であった。政友会は第一党の地位を奪回したが、衆議院の四一・七パーセントの議席であり、単独で過半数にはならなかった。しかし政友会は、寺内内閣系の維新会と連携しても、国民党（党首の犬養が憲政会党首の加藤と犬猿の仲）と連携しても、過半数を制することができるようになった。原は一応当初の目的を達成したのである。この勝利もあり、同じ一九一七年の秋になると、原は第一次世界大戦後への見通しと対策について、よりはっきり提示するようになる。

大戦後へのヴィジョン

まず外交に関するヴィジョンである。大戦はいつ終了するか予測がつかないが、大隈内閣の二十一ヵ条要求の結果、日本は、中国ばかりでなく連合国である欧米列強とも関係が悪化し孤立している、と原は二十一ヵ条要求問題以来の厳しい見通しを示した。寺内内閣については、大隈内閣の外交の失敗を挽回しようとしているが、十分でないと見た。

原は、日本が中国の南方派（孫文ら）・北方派（袁世凱の死後、段祺《だんき》瑞《ずい》が内閣を組織）のどちらに加担することにも不賛成であった。ましてや大隈内閣のように、南方派を助けたり北方派を助けたりと、一貫しないやり方が結果的に中国全体から反感を受けるというのが、最も悪いと論じた。

原は、日本の外交政策として、中国が一つにまとまるよう南北の政派が妥協するように有力者に説かせることしかできず、中国内部に争いが少々あっても日本に害がないので、介入すべきではない、と考えた。

原は、すでに述べたように、日本が大きな中国を統制するのは不可能であり、中国が「富国強兵」の国になるとしても、数十年の間はとても成功するとは思われない、と予測する。中国は、この三二年後の一九四九年に社会主義の中華人民共和国を誕生させ、約五〇年後の一九六〇年代半ばに核兵器も保有する「強兵」の国となり、七〇年以上後の一九九〇年代に「富国」となる。原の中国観や見通しはおおむね正しく、卓越していた。

なお、寺内内閣は原に伝えることなく、一九一七年、一八年の二年にわたり、北方派の段祺瑞政権に対し、総額一億四五〇〇万円もの借款《しゃっかん》を内密に供与した。これは、借款の陰の立役者西原亀三《にしはらかめぞう》の名をとって一般に西原借款と呼ばれている。この借款は、中国の交通・通信の整備という名目とは無関係に南方派の鎮圧など、段祺瑞政権の維持に使われた。確固とした担保を取っていないので、結局、約八三パーセントの一億二〇〇〇万円（現在の約一兆五〇〇〇億円）が返還されなかった。借款は何の成果も挙げず、日本の国庫の大きな損失となった。寺内内閣の中国政策の問題のみならず、それを内密に大規模に実施した問題も大きく、原が藩閥官僚勢力を打破して政党政治を目指す理由の一端が、ここに見られる。

　原は、右のように日中関係を改善するとともに、連合国列強との協調を維持する外交改革が必要とも考えた。それは、ナポレオン戦争の後の欧州の状況など、過去一〇〇年の戦争の歴史を踏まえ、第一次世界大戦後に各列強は戦争による消耗を取り返そうと、あらゆる手段を講じ、経済上での厳しい戦争が始まると見たからである。日本が列強中で孤立すれば、とても経済戦争には勝てないからだ。

　原は、列強との経済競争に負けないため、戦後に備えての国内改革のヴィジョンを打ち出す。まず生産費を減少させ、低コストとなった貿易品の販路を拡張することである。そのために各企業の研究開発能力を高め、かつ取引や生産での効率を上げるためには、高等教育を受けた人々が多数必要となり、教育機関の充実と教育制度の改正が必要になる。さらに、輸送コストを下げるため、鉄道の延長と改良・港湾の修築・道路の延長と改良などを行って、交通機関を充実させることが必要だ。

原がこのようなヴィジョンを提示できたのは、原個人の構想力とともに、日本の経済が極めて好転したからである。第一次世界大戦が主にヨーロッパの戦争であったため、日本は戦争で疲弊せず、一九一五年から貿易収支が黒字に転じ、経済が未曾有の好況になった。こうして、日本は一一億円以上の債務国（一九一四年）から、二七億円以上の債権国（一九二〇年）となり、税収も伸びて、政府の財源も従来とは異なり、余裕が出てきた。

注目すべきは、交通機関をいくら発達させても、それ自体では日本全体や各地域の産業振興に直接つながらない、と原が考えていたことである。交通機関の発展を利用し、個々の実業家が新しく起業し、また新しい販路を開拓する創意工夫が何よりも重要と見ていたからである。また、労働者の生産性がアメリカ・イギリス等に比べて劣っている点も改善すべきと思っていた。

以上のような外交・内政改革への原の姿勢は、党内へ伝わっていき、政友会の各地方大会では、鉄道など交通機関の発達について積極的に提示するようになった。

組閣への執念

連携した寺内内閣の政策の中で、先に触れた西原借款以外で原が極めて不本意だったものは、シベリア出兵であった。一九一七年（大正六）にロシア革命が起こり、皇帝ニコライ二世は退位させられ、レーニンらにより社会主義を目指したボルシェヴィキ政権ができたことに対し、列強や日本は革命への干渉のため等の様々な思惑で出兵を行った。

日本では陸軍が出兵を主導した。一九一八年に入ると、陸軍は東シベリアに日本独自でも出兵しようとし、極東に日本が支援する反革命派のロシア人に自治国を作らせようとした。これは、革命の思想や動きが日本に流入しないように、自治国を緩衝地帯とするとともに、その領域にあるシベリアの資源を日本が獲得するためであった。

原は、日本単独のシベリア出兵は、将来大きな戦いのきっかけになる恐れがあり、原則として行うべきではないと考えていた。そこで一九一七年一二月中旬、陸軍の重鎮で元老でもある山県有朋元帥にこの考えを述べて説得し、山県も出兵に慎重であることを確認した。第一次世界大戦後を見越した原の日本改造構想にとって、陸軍のシベリア出兵は大きな障害になるからだ。

山県は八〇歳に近づいていたが、軍の主要人事に関して強い影響力を持っており、シベリア出兵を行おうとする陸軍幹部も山県の意向に反してまで出兵を強く主張することはできず、自主出兵構想は展開しなかった。

ところが一九一八年七月になると、アメリカが極東のウラジオストクに七〇〇〇名の出兵をしようとし、日本にも同数の出兵を求めてきた。米国との共同出兵という名目ができたので、寺内内閣は必要なだけの部隊をシベリアに派遣する方針を決め山県も支持した。原は、アメリカと同数の共同出兵なら日米協力関係を強めることになる、と考えて賛成したが、七月中旬に原は寺内内閣が数万名もの出兵をする可能性があることを察知した。

しかし、原は寺内内閣の方針に疑いを持ちながらも、最終的に出兵を黙認した。それは政府の出兵提案に、元老の山県が賛成したからである。内閣が倒れた際に、後継首相を天皇に推薦する元老は、山県と松方正義、先に元老になったところの西園寺公望の三人に減少し、山県が最も実権を持っていた。ここでシベリア出兵を巡って原が山県や寺内内閣と正面から衝突しても、出兵は阻止できず、寺内内閣の次に原内閣が誕生する可能性がなくなるだけである。原は、自分が組閣できれば、ヴィジョンを実現できるし、シベリア撤兵も困難でない、と自らを納得させたのであろう。

さて、七月中旬にシベリア出兵の方針が固まると、米の買い占めと投機に拍車がかかり、米価は暴騰した。東京市深川の正米《しょうまい》市場を例にとると、米価はその年の初めに比べ、二倍弱にまで上昇した。このため、八月上旬以降、米を買えなくなった都市の下層民らが夜に集団で米屋や警察の派出所などを襲う暴動、米騒動が、全国の都市に本格的に広がっていった。大都市では一晩に数万人もの群衆が参加するまでになった。九月二一日、寺内首相は米騒動の責任を取って辞表を提出した。

政党政治が嫌いな元老山県は、政友会総裁の原に政権を担当させたくなかった。しかし、米騒動のようなことを再び起こさせないために、最終的に山県を含む元老たちが、原を後継首相候補として選定する。こうして原は、大正天皇から組閣の命を受け、一九一八年（大正七）九月二九日に念願の組閣をした。

原内閣の特色は、第一に、当時の法令に従って陸・海軍大臣、また慣例に従って外務大臣は政党員ではなかったが、原を含め、その他の閣僚七人（原が法相を兼任）は全員政友会員で、原が主導して人選を行ったことである。本格的な政党内閣が日本で初めて誕生したのである。

原は、大改革のヴィジョンを進めるために重要な経済閣僚として、蔵相には高橋是清（前蔵相）、農商相には山本達雄（前蔵相・農商相）を選定した（伊藤孝夫「原内閣の経済閣僚」）。二人は日銀総裁など経済官僚を経て、政友会が与党の山本権兵衛内閣に入閣した際に、政友会に入党した人物である（第六章）。同様に、内相兼鉄道院総裁には、床次竹二《とこなみたけじ》郎《ろう》（前鉄道院総裁）が就任した。床次は、原が内相時代に局長、次いで次官に抜擢した人物で、内務官僚を辞任して政友会に入党した。高橋・山本の二人は、政友会入党前から勅選の貴族院議員であり、床次は入党後衆議院議員に当選した。

三人は、政友会に人材を集め政権担当能力を強化しようとする原の構想を、体現した人々といえる。大物の高橋・山本は原の経済政策の相談相手であり、実行者である。床次は原の意向を受けて忠実に政策を実行する次官的大臣で、原が内相を兼任するような形となる。

外相となった内田康哉（前外相）も、かつて陸奥外相の下で原が局長であった頃の部下であり、第二次西園寺内閣でも外相を務めた。その時と同様に、今回も原が常に外交の大枠を提示したので、原は実質的に外相までも兼任しているような形となった。

原内閣の第二の特色は、陸相となった田中義一《たなかぎいち》（長州出身の山県系軍人、陸軍中将、前参謀次長）と原は組閣の四年以上前から内密に連携を深めており、加藤友三郎《かとうともざぶろう》海相の留任も原の希望であることだ。原は山県らに察知されないよう巧妙に動いて、陸・海軍大臣に関しても、人選に実質上の影響力を及ぼし、組閣後も二人を通して内閣の意思を陸・海軍におよぼしていく。

歓迎と「平民宰相」への親しみ

原内閣ができた時、当時の全国的有力紙の一つは、政党内閣を望む声は、これまで藩閥・官僚閥や元老のために翻弄されてきたが、原の経歴や声望がなかったら実現しなかったので、まず政党内閣としての原内閣の成立を歓迎したい、と論じた。

また、初代首相の伊藤博文以来、首相になる人物はすべて爵位を持った華族（欧州でいえば貴族）であった。原はそれまで爵位を受ける機会が何度かあったが、かたくなに内々に辞退していた。この主な理由は、原が維新で苦難を体験したことにより、生まれた国や藩、地域、身分、家庭の豊かさ、性別といった変えられない属性にもとづいて人を差別することを否定する信条を持ち、爵位も否定する考えを心中に持つようになったからと思われる。ジャーナリズムは原を「平民宰相」（華族でない普通の身分出身の首相）と、親しみを込めて呼んだ。

このように、原内閣はジャーナリズムから一般的に好意をもって迎えられた。輿論から歓迎された出発といえる。

地元盛岡市での歓迎の声はさらに強く、さっそく一〇月四日に「杜陵館《とりょうかん》」で市長・県会議長ら千数百名が出席して、「大祝賀会」が開かれた。そこでは、原は「世界の名士」となり、このような「名代議士を選出した市民の名誉」も大きい、等の演説がなされた（『岩手日報』一九一八年一〇月五日）。

ヴィジョンを反映する外交政策

原は組閣後、すでに一九一七年（大正六）秋に提示した、大戦後を見越したヴィジョンにもとづき、政策を具体化させていく。

まず外交から見ていこう。原が一九一七年秋段階では予想しえなかったことは、一九一八年一月にアメリカの大統領ウィルソンが十四ヵ条の綱領を発表し、それが国際連盟なども含め、戦後の新しい世界秩序形成に影響を及ぼしていくことである。

アメリカは一九一七年四月に連合国側に立って第一次世界大戦に参戦し、連合国側の勝利に大きな貢献をし、世界をリードする国と認められるようになっていった。参戦の翌年に出されたウィルソンの十四ヵ条とは、(1)秘密外交の廃止、(2)海洋の自由、(3)関税など経済障壁の除去、(4)軍備縮小、(5)民族自決の原則と、それにもとづいたヨーロッパ各地の講和条件などである。最後の一四番目には、各国の政治的独立と領土保全を保障するための国際連盟の設立が唱えられていた。

第一次世界大戦は、戦闘員だけでも死者約八五〇万人、負傷者約二一二〇万人、捕虜および行方不明者約七七〇万人という犠牲を出した、史上空前の大戦争であった。ウィルソンは、その反省に立ち、大戦後の新しい国際秩序構想を世界に向けて打ち出したのであった。

原は、ウィルソンの十四ヵ条が出されて四ヵ月もしないうちに好感を持って注目したことが確認される（『原敬日記』一九一八年四月二七日）。日本の有力政治家の中で、最も早い好意的反応といえよう。原は組閣して二ヵ月経つと、大戦処理のためのパリ講和会議の背景となっていくウィルソン主義への期待を公然と示した。さらに、一九一八年一一月一一日に第一次世界大戦が日本を含めた連合国の勝利に終わり、翌年二月に国際連盟規約の草案が伝えられると、政府に全部到着していない段階から、関心を示している（『原敬日記』一九一九年二月一八日）。

原はウィルソンの理念を早くから十分に理解し、その具体的な適用について考え始めていたといえよう。原は青年期から植民地を拡大しようとする外交政策に同調せず、日露戦争後には、日本は東アジアに平和的秩序ができるように動くべきという脱帝国主義の外交観を持つに至っていたことを考慮すると、当然のことである。

また原は列強との協調外交、とりわけアメリカとの協調を重視する外交を展開した。イギリスを重視する日本の従来の外交路線を大きく変えたのである。このため、一九一九年三月、原首相と内田外相は、石井《いしい》菊次《きくじ》郎《ろう》駐米大使（第二次大隈内閣の外相）の更迭を決意した。原は、大戦中からアメリカとの協調外交を検討していた幣原喜重郎外務次官を駐米大使に栄転させ（同年一一月一日に就任）、米国通の埴原《はにはら》正直《まさなお》政務局長を次官に昇格させた（西田敏宏「ワシントン体制と幣原外交」）。

中国に関しては、すでに述べたように、原は中国の南北統一は早い時期には困難と見ていたが、組閣後間もない一九一八年一〇月中旬に、日本が中国の両派に様々な根回しをした後、列強と共同して南北妥協の勧告を試みる方針を、閣議で決める。一一月初めに天皇に内奏した内容にも、南北妥協のことを盛り込み、中旬には元老山県の賛成も得た。原が南北統一を促進する方針に、日本の対中政策を転換したのは、それを中国人がもっとも望んでいるからであった。それが近いうちに実現するか否かに関わりなく、中国人が日本に好意をもつようになり、日中親善の土台となると見たのである。

以上の対米協調外交と日中親善を促進する外交との関連で、大戦のパリ講和会議で日本にとって最も大きな問題となったのは、大戦中に日本が得た山東省の権益を中国に返還する問題であった。以前ドイツが中国から得ていた山東省権益の根拠地青島を、日本が大戦中に陥落させて、占領して実質的に支配していたものである。

講和会議で日本は、中国が無条件で山東省権益を日本に譲ることを要求した。これは、原内閣の方針である。山東省権益は、日本がドイツと戦って支配下に置いたものであるから、まず日本に譲り渡され、その後日本と中国で返還の条件を話し合うのが、帝国主義の時代のルールだったからである。

原はアメリカのウィルソン大統領が十四ヵ条の綱領などで民族自決と領土非併合を含む新しい原則を示したことに好感を持っていたが、この段階ではそのウィルソン主義がどのように世界に実現していくのかは不明であった。現に、旧ドイツ帝国の植民地に関しても、占領したイギリス・フランスなど連合国列強によってそれらを独立させるのでなく、各国で分割する様々な秘密協定が結ばれていた。結局、ウィルソンの民族自決主義の原則は、欧州地域の占領地に適用されたが、その他の地域には十分に及ぼされなかった（等松春夫『日本帝国と委任統治』）。

山東省権益に関し、後述するように日本はいったん譲渡されて体面を守り、少し時間を置いて大半を中国に返還することも考慮していた。ところがロシア革命に刺激されて、中国のナショナリズムが高まり、中国側は、山東省権益のすべてを直接中国に返還することを要求した。アメリカは中国の要求を支持したが、イギリスは日本を支持した。結局、ウィルソン大統領は、国際連盟構想を挫折させないため、この問題で日本に譲歩し、米・英・仏の同意で、日本は山東省のドイツ権益を受け継いだ。

なお、ウィルソン大統領は、山東問題でみずからの理想をかなり強引に適用しようとしたが、一九二〇年代のアメリカは、ラテンアメリカ諸国を勢力圏とし、フィリピンを植民地として維持し続け、帝国主義の時代の政策を転換することはなかった。

日本が山東省権益を継承することが決定された三ヵ月後、一九一九年八月一日の閣議で、原首相の主導で、日中間の協約が成立すれば、日本は山東省から撤兵し、日本の専管居留地となっていた青島を、各国共同居留地とする方針を決めた（『原敬日記』）。日本は山東省を植民地としない方向を閣議決定したのである。帝国主義の潮流の残存も考慮し、日本のメンツを保った上で、このように、原はウィルソン主義にもとづく新しい秩序を形成する動きに応じた。二年半後にアメリカのワシントンで開かれた国際協調のための会議で、中国が若干の補償金を払うことと交換に、日本は山東省の旧ドイツ権益の大部分を中国に返還し、山東半島から撤兵する協定が成立する。早くから原はその方向づけをしていたのだった。

アメリカの底意を見抜く

アメリカが主導し、一九一八年七月に日・英・仏三国に中国に対し資金を貸す新しい借款団を結成することを提案した問題への対応も興味深い。アメリカの意図は日本の中国への独占的な投資活動を抑え、中国を米国資本の新しい投資先として確保することであった。原はウィルソンの新外交が、ラテンアメリカ諸国におけるアメリカの既得権益や勢力圏を減退させずに、中国における日本の満蒙《まんもう》権益の存亡にかかわるような政策を取る可能性があることを見抜いていた。これは、原が一九一七年秋に大戦後を見通した際の、列強による経済競争の熾烈化そのものであった。

そこで原首相の主導の下、一九二〇年一月の閣議で、いくつかの満蒙既得権益を列挙して、新借款団からの除外を求める方針を決定した。日本は、日露戦争に勝ってロシアから権益を得て創設した南満州鉄道に、平行する鉄道を作らないなどの除外要求を粘り強く交渉し、米・英・仏に認めさせ、一〇月一五日に新借款団が発足した（三谷太一郎『日本政党政治の形成』）。

原は、日本はこれまで満蒙は日本の勢力圏であると漠然と主張していたにすぎないが、今回の借款で列強の承認を得たので、将来のため利益が大きいととらえた。なお、この新借款団は、その後中国が内戦状態に入り、機能しなかった。

東アジアのナショナリズムと向き合う

他方中国では、ロシア革命の影響から、マルクス主義を信じるようになった学生や知識人らにより、反植民地運動が広がり始めていた。日本がドイツ権益を継承するという報を聞き、北京大学などの学生約三〇〇〇名は、憤慨して一九一九年（大正八）五月四日に激しいデモを行った。これが五・四運動の始まりである。その後、運動は商人・労働者らも加わって拡大していく。六月二八日、パリ講和会議で中国側全権は、講和条約への調印を拒否した。

原は五・四運動のような、それまでの国際秩序を全否定する急進的動きを嫌った。また、このような運動は長続きしないと見て、不完全でも中国が統一され、秩序ある改革を進めることを望ましいと見た。五・四運動の一環として、中国での日本商品に対するボイコット、日貨《にっか》排斥《はいせき》は約一年間続いたが、運動は原の予想通りいったん収まっていった。

他方、一九一〇年（明治四三）の韓国併合後、日本の植民地になっていた朝鮮においては、ウィルソンの十四ヵ条の中の「民族自決」の刺激で、独立を求める声が強まっていった。一九一九年三月一日、「京城《けいじょう》」（日本植民地下の都市名で、現在のソウルの中心部にあたる）において学生たちは、二月に作られた独立宣言書を朗読、「大韓独立万歳」を叫んでデモを始め、一般市民も合流した。この三・一独立運動は朝鮮各地に広がり、三月下旬には警察や官公署などを襲撃し放火するなど、激しさを増していった。

三・一運動発生直後に、原は運動がウィルソンの「民族自決」に主に影響されたものであることを正確にとらえ、「民族自決などの空説」という言葉を使って、運動を批判的に見た。原は、「民族自決」自体を否定しているのではない。原は、朝鮮人はまだ「民族自決」を言うに足るほど近代国家の運営能力を身につけていない、という認識だったからと思われる。また、ウィルソンの「民族自決」は当面は主にヨーロッパに適用されるというのが連合国列強の合意であることすら朝鮮人たちが理解していないとみた。

三・一運動に対し、原は田中陸相と連携し、閣議で歩兵六大隊（平時編制で約三〇〇〇人）と騎兵による補助憲兵四〇〇人を、朝鮮に増派することを決めた。このように原は、平時において植民地（朝鮮）で事件が起こり本国から派兵する場合、武官である植民地総督（朝鮮総督）や陸軍参謀本部よりも、内閣が主導権を持つ、との原則を慣行として作った。軍事に関しても内閣が主導権を持つことは、イギリス風の政党政治の原則だからである。

これらの増兵もあって、五月に入ると運動は鎮静化していった。朝鮮総督府によると、運動の参加者はのべ数十万人、騒擾《そうじょう》箇所は約六二〇、運動での死者は運動側約五五〇人、官憲側八人等、前年に内地で起きた米騒動以上の大きな騒乱となった。これらの責任は、山県系軍人の朝鮮総督やその下の山県系官僚の抑圧的な植民地政策にあった。原はこの事件を利用して、総督府の山県系支配を崩し、内閣が総督府を掌握するようにした。

すでに見てきたように、原は日清戦争前に朝鮮人の可能性を見出していた（第二章）。第一次世界大戦後における植民地朝鮮の将来について、朝鮮を日本に同化し、朝鮮人に日本人と同じ権利を与えていき、日本と一体化させる構想を持っていた。近世において琉球は半独立国であり、日本とかなり異なる文化を持ち、独自の言語を使っていたが、明治維新後、沖縄県として日本と一体化していったことが念頭にあった（『原敬日記』一九二〇年六月一二日）。それでも朝鮮が独立を求めればどうするかは、遠い将来に問題となる可能性があるが、原はこの時点では朝鮮人の独立能力（「民族自決」能力）がないとみていたのだ。

原は、青年期にフランス革命は熟慮された国民の意思である「輿論」によって起こったのではなく、感情的な国民の「世論」に支配されていた、と見た（第一章）。原は、中国の五・四運動や朝鮮の三・一運動も、世論が突き動かした運動ととらえ、批判的だったのだ。

内政政策へのヴィジョンの実施

原首相は組閣後、最初の議会を迎えるにあたり、内政に関し、一九一八年（大正七）秋に四大政綱と名づけられた大改革構想を提示する。

これは、すでに述べた一九一七年秋の原の構想を具体化したものであった。その一つは、高等教育機関の充実を中心とした教育の振興である。これまで日本に正式な大学は、東京・京都・東北・九州・北海道の五帝国大学しかなく、産業が発達した国内の人材需要に応じきれなくなっていた。そこで原内閣は一九一八年一二月に大学令を公布し、帝国大学以外に、官立単科大学・公立大学・私立大学の設置を積極的に認める枠組みを作る。

次いで第四一議会に、一九一九年度から二四年度にわたる六ヵ年計画で官立の高等教育機関を充実させる法案を提出し、通過させた。こうして新たに帝国大学四学部、医科大学五校（新潟医大〔現・新潟大医学部〕など）、商科大学一校（東京商科大学〔現・一橋大〕）が創設されていった。関連して、帝国大学への準備教育をする旧制高等学校一〇校（弘前高校〔現・弘前大〕など）の増設も行われた。さらに実業専門学校一七校（横浜高等工業〔現・横浜国立大工学部〕など）も創立された。

また一方で、それまで法制上は専門学校とされていた私立の有力高等教育機関、慶應義塾大学・早稲田大学・明治大学・法政大学・中央大学・同志社大学など、八校の大学への昇格を認めた。これは、原が大阪毎日新聞社長や古河鉱業の副社長（実質的社長）などとして民間で手腕を揮った経験があり、国家や官僚主導のみならず、民間による産業振興を重視していたことを反映している。

これらの高等教育機関は、第一次世界大戦後の人材要求に応えたのみならず、旧制高校や専門学校が第二次世界大戦後に新制大学に昇格していくことからも、戦後の高等教育の土台を作ったといえる。

四大政綱の二つ目、三つ目の柱は、産業の奨励と交通・通信機関の整備である。産業の奨励に関し、組閣直後から原は政府が不自然に経済に介入したり、法令を過信したりする処置を改めるべきだと構想していた。これは、他人あるいは他国頼みでは何事も達成できず、各人が自立心をもって創意工夫して活動しなくてはいけない、という原の青年時代からの人生哲学の延長である。大阪毎日新聞や古河鉱業の経営を成功させて、さらに自信と確信を深めたものである。原は政府が交通・通信機関の整備というインフラを担当するので、国民はそれを利用して各人が産業振興に励むべきと考えていたのである。

原内閣ができた頃でも、日本では都市間や、都市と農村を結ぶ道路は未舗装で、欧米に比べ、自動車運送が普及しておらず、運河も発達していなかったので、鉄道は内陸部の最も重要で効率的な輸送手段であった。これまで、原らの尽力もあって、国内の幹線鉄道網は完成していたので、そこから出る支線を早期に敷設し、鉄道網をさらに充実させることが課題であった。第一次世界大戦下での輸出の急増と未曾有の好況によって、正貨は日本に蓄積され（鉄道の建設・改良関係の資材輸入が可能）、税収も伸び、政府の財政規模も拡大していた。この条件を、原は積極的に活かしたのである。

第四一議会で、原内閣はすでに決まっていた本鉄道および軽便《けいべん》鉄道（レール幅が狭く簡便な鉄道で、列車の速力や輸送量が小さい）一二ヵ所の建設計画のうち、一九二三年度以降六ヵ年の計画を、一九一九年度以降四ヵ年に繰り上げて早く完成させることを議決した。また新たに七線の本鉄道（約九一二キロメートル）、一一線の軽便鉄道（約五三〇キロメートル）を予定線に追加した。

これらを含め新たに必要とする鉄道経費は、建設費一億四四〇〇万円（現在の約五八〇〇億円）、電化や線路増設などの改良費一億九二〇〇万円（現在の約七七〇〇億円）で、一九一九年度から一九二九年度まで一一年間の既定計画額に追加された（松下孝昭『近代日本の鉄道政策』）。

これらの鉄道計画は、一九一九年度はほぼ予定通り実行されたが、一九二〇年三月に始まる戦後恐慌など、その後の不況と恐慌が連続したため、予定通り実行することができなくなり、繰り延べされていく。しかし、そのかなりの部分は一九三〇年代に完成し、地域の発展を支えた。戦時下には戦争を支える形になるが、太平洋戦争に敗れた後は、戦後復興の時期から自動車輸送に取って代わられる一九六〇年代まで、日本の伸張に大きく寄与することになる。

四大政綱の四つ目の「国防の充実」に関しては、陸・海軍に警戒され不必要に関係を悪化させることにより軍へのコントロールが低下することを避けるために掲げた要素が強い。原首相は、「国防の充実」を、日本の安全保障環境や、経済および財政状況とのバランスを考えながら行うつもりであった。

組閣後、原は陸・海軍から求められた軍備充実計画が予想以上に膨大なことに驚いた。そこで、陸・海軍の充実要求を翌年（一九一九年）度は提出せず、陸・海相と調整し、一九二〇年度からまず海軍を拡張することを優先し、次いで陸軍を拡張していくことで、合意を形成した。

原の狙いは、軍備を充実するという長期の約束だけし、近いうちに軍備縮小の国際会議が開かれるなど軍縮の流れが出てくることを予想し、それを利用して不必要な軍拡要求を抑え、運輸・通信や教育に投資し、産業振興を図ることであった。実際、原が暗殺された直後であるが、一九二一年一一月に海軍軍縮を重要課題としたワシントン会議が開かれるなど、原の見込みが的中する。

なお、詳しく述べる余裕はないが、原首相は日本の経済界の独自性を尊重して、ゆるやかな連携を図ることを重視したので、会社経営から身を引き、実業界の世話人となっている渋沢《しぶさわ》栄一《えいいち》と協力し合った。同様に、アメリカの経済界の有力者とも、日米資本の協調や中国への借款などについて、積極的に会見した。原と渋沢は、日米の経済連携を強めることが、日米相互の産業振興を促進するとの世界観も共有していた。

第八章

「宝積」の理想

暗殺が奪ったもの

原敬の生前最後の写真。一九二一年一〇月二二日、岐阜市で撮影。写真提供・原敬記念館

普通選挙運動と「輿論」・「世論」

普通選挙（普選）とは、選挙権・被選挙権を持つ条件として、納税額（財産）・学歴・性別等の資格を撤廃して行われる選挙である。日本においては、一八九〇年（明治二三）の第一回総選挙の際の選挙権は、直接国税一五円（現在の五〇万円ほど）以上を納める二五歳以上の男性（全人口の約一パーセント、ただし太平洋戦争後の男・女二〇歳以上の普選で全人口の約五〇パーセントとなる）に制限されていた。

第一次世界大戦中に日本に流入した大正デモクラシーの潮流と、米騒動による社会秩序の動揺があり、原首相が最初に迎える第四一議会中、一九一九年二月から三月に普選運動は都市部で急速に盛り上がった。三月一日、東京市で約一万人が普選要求のデモ行進に参加し、運動は大阪市・京都市・名古屋市・神戸市・仙台市・高松市・静岡市・鹿児島市など全国の主要都市にも拡大した（松尾尊兊『普通選挙制度成立史の研究』）。

同年八月には、元老山県有朋は、米価問題（米騒動につながる）・労働問題（ストライキが増加傾向）・経済政策など重要問題は多いが、普選問題は天皇を戴《いただ》いた日本の体制の存廃にも関わると見て、革命に関連づけて恐怖心を側近に示すようになった（伊藤之雄『大正デモクラシーと政党政治』）。これは、原のように政党に基盤を置かない山県の杞憂であったが、普選運動が権力者の精神に大きな衝撃を与えていることがわかる。

普選を求める動きに対し、原内閣は選挙法改正案を議会通過させ、同年五月に公布した。それは直接国税の納税資格が一〇円以上であったものを、三円以上に引き下げ、一選挙区から数人以上の定員を原則とする大選挙区制（各道府県の各都市部は独立選挙区で、それ以外はすべて一選挙区）であったものを、一選挙区定員一人を原則とする小選挙区制に変更するものである。

原は、いきなり男性普選にせよとの運動を感情的な「世論」に動かされたものとみなし、段階的に有権者を拡大しようとした。男性普選にすれば有権者は一挙に約一〇倍に増加するが、一九一九年の改正なら約二倍に増えるだけである。この改正は、普選運動の盛り上がりにもかかわらず、原はそれに応じる大改革をせず、微温的な改革に留め、しかも選挙区割も恣意的であった、とこれまで否定的にのみとらえられてきた。

しかし、日本における一九二五年の男性二五歳以上に選挙権を与える普選法成立によって、有権者数が約四倍に増加し、選挙区も小選挙区制から中選挙区制（各区定員三〜五名）に変更になった結果、司法省の調査によると、各候補者平均の選挙費用は三万円（現在の一・五億円）から五万円（二・五億円）に増加したという。これは新しい有権者を獲得するため、各候補者が金銭に頼るようになったからであろう。このため、昭和初期には、二大政党の政友会・民政党（憲政会の後身）ともに疑獄事件を起こし、政治の腐敗・堕落がジャーナリズムで論じられ、軍部が台頭し、政党政治が崩壊する一因となってゆく。

他方、議会政治の父ともいわれる国イギリスは、一九一八年二月に選挙法改正を行い、二一歳以上の男性と三〇歳以上の女性（条件付き）に選挙権を与えている。一九一〇年に約七七〇万人の有権者（男性のみ）であったものが、約二一四〇万人へと約二・八倍に増加した。これはイギリスの一八八〇年総選挙以降における最も急激な有権者の増加であったが、二一歳以上の女性に選挙権が与えられる一九二八年まで、女性の選挙権拡大を抑制して、急激な変化を避けたのであった。日本より二〇〇年以上も前から議会政治を発達させてきたイギリスですら、一九一八年の段階で、有権者の拡大は約二・八倍が限度だと議会が判断したのである。それに対し、同じ時期の日本で有権者を一〇倍にする男性普選が唱えられたのは、選挙や議会政治に対し楽観的すぎるといえよう。

原が一九一九年の選挙法改正を行うに際し、イギリスの一九一八年選挙法改正をどの程度意識していたのかは、史料上の制約で確認できない。原がイギリスの事例をよく知って決断したにせよ、それはあまり考えず直感で判断したにせよ、政治家原の能力がみえるといえよう。

加えて、一九一九年選挙法改正では、耕作地を少し所有している農民は納税資格を満たし有権者になれるが、急進的な「世論」の影響を受けやすい都市部の労働者は有権者となれないので、選挙区割りの問題も含め、農村部に地盤を持つ政友会に有利であった。こうして原は漸進的秩序改革を目指したのであった。

なお、原は急激な有権者の拡大には反対であったが、普選問題をきっかけに、選挙権のない者も含めて国民が政治のことを考え、将来は漸進的に、普選が実現することには賛成であったと思われる。これは、自由民権運動以来の原の姿勢や、後述する原の葬儀に、選挙権のない者も含め多数の盛岡市民が会葬した事実からも推定される。

一九二〇年総選挙の勝利と漸進的秩序改革

翌一九二〇年に入ると、第四二議会下、一年前よりもさらに大規模な普選運動が全国の主要都市を中心に展開される。東京市では、労働団体の積極的な参加を得て、当時では異例の参加者三万人の集会を含め、一万人を超える集会が四回にも及んだ。

このような普選運動の高まりに応じ、第四二議会では、衆議院第二党の憲政会（加藤高明が総裁、総議席の約三一パーセント）が満二五歳以上の男性で、独立の生計を営む者に選挙権を与える普選案を議会に提出した（選挙区は一選挙区定員数人を原則とする中選挙区制）。少数党である国民党（犬養毅が総理）は、満二〇歳以上の男性を無条件で有権者とする普選案を提出した（選挙区は小選挙区制）。

両党の動きは、原首相から見ると、「輿論」でなく「世論」に影響され、原内閣が一九一九年に改正した選挙法を一度も実施せずに再改正をしようとするもので、承知できないものであった。また、与党の立憲政友会は、普選に反対の山県系の会派と合わせ衆議院の過半数を制していたが、これらを議会で単に否決しただけでは、次の議会で一層猛烈な運動になると予測した。そこで原は衆議院を解散して、さらに多数を制し、普選運動と議会の普選支持派に打撃を与えようとする。二月二六日、衆議院は解散された。

この総選挙の全国的な争点となったのは、政友会によって鉄道建設などの公共事業や高等教育機関の充実を実現して地域と日本の発展を目指すか否かであった。都市部を中心に普選も争点となったが、原は総選挙の争点設定に成功したといえる。

五月一〇日の投票の結果、次の第四三特別議会に臨んだ衆議院議員数は、政友会二八一名（解散前一六二名）、憲政会一〇九名（同一一八名）、国民党二九名（同三一名）などとなり、政友会の圧勝であった。政友会は衆議院の単独過半数を確保したにとどまらず、総議席数の六〇・六パーセント（解散前四二・五パーセント）という、党創立以来最大の勢力を議会に確保した。市部において政友会の当選者数は、憲政会・国民党の合計に及ばないが、原はとりあえず漸進的な秩序改革を方向づけた。

なお、憲法によれば、帝国議会は対等の権力をもった衆議院と貴族院の二院から構成されている。しかし、大正政変にともなう第一次護憲運動以来、デモクラシーの潮流の中で、海軍の汚職事件であるシーメンス事件のような疑獄事件が絡まない限り、貴族院は衆議院の議決に正面から異を唱えることは少なくなっていた。

総選挙に大勝した要因

政友会が総選挙に大勝した第一の要因は、原内閣の掲げたアメリカ中心の協調外交と中国の統一の促進を見守るという外交の大刷新、内政の大改革という政策への有権者の信頼である。とりわけ後者に関し、第一次世界大戦期の急成長を受けて、農村部の有力者たちをはじめとして中堅の人々までもが、鉄道を中心に港湾建設・道路改修・河川改修など、長年の懸案である公共事業の実現が近いと感じ、政友会の実行力に期待した。その意味では、原は選挙の争点設定に成功し、自らの意志で政友会を支持した人々も少なくなく、熟慮された意見である輿論の支持が、原に与えられたといえる。

ただし、それだけでは党創立以来の圧倒的多数を得ることはできないであろう。財界から膨大な選挙資金が政友会に流れたことも、圧勝の一因である。政友会がこの総選挙で使いきれずに残した額ですら、八二万五〇〇〇円（現在の約四一億円）にのぼった。実業家たちは、原が秩序を維持しながら、また経済界の自主性を尊重しながら、企業活動を促進するよう大改革を着実に進めることを期待したのである。研究者では、松尾《まつお》尊兊《たかよし》が最初に気づいたように、この膨大な秘密の金銭を、原は自分の財産と区別する形で、各方面の人たちの「好意」として遺書に明記し、死後に政友会総裁に内密な形で引き継がせた。言うまでもないことであるが、当時の選挙法はこうした寄付行為を禁じていないし、公表も求めていないので、原個人の金銭とすることは容易であった。ここにも原の金銭への清廉さが確認できる。

　この原の率いる政友会の政治資金について、中堅衆議院議員の木下《きのした》謙次郎《けんじろう》の眼からもみてみよう。木下は、一九〇二年に政友会と対抗していた憲政本党（大隈重信が党首〔総理〕）から立候補して当選（大分県選出）、それを含め七回連続当選した後、一九二〇年総選挙に際して無所属だったので、原の誘いで政友会に入党して当選した。

　木下はまず政党への政治資金について、一般的に次のように述べる。「政党への奉納金も〔貴族院議員に〕勅選だとか、〔勲章や叙爵・陞爵《しょうしゃく》などの〕恩賞だとか色々な伏線が織り込まれてあるから、受け入れるにしても周到な用意が必要であります」と。その上で、木下は原の姿勢を推測する。

原さんは政友会総裁として信望が高く、いろいろな方面からの奉納金も相当多かつたらしいが、先生中々の用心家で濫《みだ》りに取り込むことはしなかつたと聞きます。こうして寄つた金なら政党員の栄養として相当「カロリー」が高いと云へましよう（「木下謙次郎氏談話速記」『政治談話速記録』第三巻、一三六、一三七頁）。

木下の推測証言から、原は無理な形で政治資金集めをしなくても、相当の金が原の下に集まったことが再確認される。

豊富な選挙資金に加え、先に述べたように原内閣で行った一九一九年の選挙法改正が、政友会に有利に作用したことも、大勝に寄与した。この総選挙の後、三年間ほど普通選挙運動は停滞する。

また神戸の川崎造船所争議（一九一九年九月、職工一万六〇〇〇人が参加）、官営八幡《やはた》製鉄所（現・日本製鉄）争議（一九二〇年二〜三月、職工一万三〇〇〇人が参加）など、大きな争議が総選挙の前に起きる。これらに対して、原は労働者の要求を入れて大幅な待遇改善を図るとともに、争議を社会主義革命の手段として考える活動家やその支持者に対しては、警察と憲兵を使って厳しい弾圧を加え、争議を収束させた。原がこのような姿勢を取ったのは、社会主義革命を目指して労働争議を行う活動家に対し、ロシア革命への憧れという感情的な

「世論」で動いていると見たからであろう。
革命を恐れていた旧敵山県は、原の手腕を高く評価し、政党嫌いにもかかわらず、一九二〇年秋には原内閣の存続を希望するようになった。

原の理想は実現に向かっているか

一九二〇年総選挙で圧勝した政友会の現状に対し、原は必ずしも満足していなかった。六月の臨時党大会で、絶対多数を得たことに単純に満足し、勝利におごって「国家」のためということを忘れがちになっている、と原は政友会員に公共性が欠如しがちになっている現状を指摘し、彼らに意識改革を訴えた。また実業家たちに対しても、好況になると投機に走り、不況になると必要以上に悲観する者もいる、と公共心と強い自立心を持つことを訴えた。

公共事業に期待して政友会を支持した者に対しても、地方の発達は交通機関の完備だけでできるものでなく、それらを利用し「国家・地方・一身一家」のために尽くすことに努めてほしい、と「苦言」を婉曲《えんきょく》に述べている。これも地域の人々が政府の事業への依頼心が強く、自ら起業して公共のために尽くし、それが自らと家族の幸せにもつながる、という強い意識が欠如している、と内心見ていたのである。

原は首相となり、総選挙に圧勝し、山県ですら支持者に変え、権力の絶頂にいた。加えて、外交面では、中国の五・四運動などもあったが、少なくとも東アジアに平和の秩序を作る点では成功しつつあると見ていたと思われる。しかし、本来の目標である「輿論」にもとづく政治によって、公共性の実現を図る（国民を守る国家の発展と国民の幸福）という目標を達成したと思っていなかったのである。

さらに、この約一年後であるが、藩校「作人館」以来の親友阿部浩東京府知事が、東京瓦斯《ガス》株式会社の値上げ問題に絡んだ収賄事件に関係した（阿部は府知事・貴族院議員を辞任し、公的生活を去り、起訴を免れる）。また、南満州鉄道株式会社幹部の背任容疑事件（満鉄事件）や原の司法省法学校以来の友人古賀《こが》廉造《れんぞう》（拓殖局長官）が関係した関東庁のアヘン密売事件（アヘン事件）も起き、第四四議会で政友会が批判された（古賀は起訴され、有罪判決を受ける）。原は「繰々も遺憾」で返す返すも残念に思う、と日記に無念を書いた。

他方、原は、外来の新思想と、それを十分な考慮なく安易に日本に取り入れる知識人の姿勢も憂慮した。維新後数十年間、日本は欧米諸国の良いものを取り入れ、悪いところを補ってきたが、近来は良いものでなく悪いものを取り入れるので、その弊害が目立ってきた、と原は見た。

こうして、森戸《もりと》辰男《たつお》（東京帝大経済学部助教授）がロシアの無政府主義者クロポトキンの思想を学術誌に紹介すると、原は森戸を「過激危険の論」をなして、名声を求めるような類の学者である、と強硬な弾圧方針を検事総長に指示する。そこには、労働運動活動家の中に、ロシア革命を理想視して社会主義国家を作ろうと、労働争議を手段として利用する者がいる日本の現状があった。原は、帝国大学の教官の研究対象は数多くあるにもかかわらず、森戸が無政府主義を国内に広めるのは公共性に反する、と考えたのである。

この事件は、政治思想の未熟な社会において、思想普及の自由を制約するのは是か非かの根本的問題も含んでいる。原は一定の制約を是ととらえ、日本国民の多数は社会主義思想なども含めさまざまの思想を熟慮して判断できるレベルに達していない、とみたのである。これはすでに述べたように、原がフランス革命の実態を中江兆民から学び、自由民権運動の弱点をとらえるなどし、それらの経験が加味された、時勢観である。

原は生涯最後の正月を迎えた後に、次のような文章を添えた一句を作っている。

余十六歳にして郷里を出、他郷に在ること五十年、今は六十六歳の老翁となりぬ
わけ入りし霞《かすみ》の奥も霞かな（『原敬日記』六巻、一七三頁）

原の俳句は、自然の移り変わりに対する日常の感慨を素直に詠んだものが多いので、こ

れも腰越別荘の庭に霧立ち込める中を散歩しながら、単に自然を詠んだものかもしれない。しかし、添え書きで上京以来の五〇年を振り返っているところを見ると、この句は、原の人生の感慨として理解するのが適切であろう。右に述べてきたような原が目指した本来の政治目標が、政党人・実業家・国民などのあらゆるレベルにおいて、思想面・道徳面でなかなか達成されないことを詠んだものなのだ。

もっとも、原は物事を暗く考えすぎない精神の強さを持っている。裕仁《ひろひと》皇太子（のちの昭和天皇）が半年間の訪欧から帰国した日、渡欧前に比べて自信をつけた様子の皇太子を日本国民が大歓迎するのを見て、前途に希望を感じて次の二句を作った。

秋晴れに国旗なびかぬ里もなし
秋の野や万歳の声果しなき（同前、一七四頁）

シベリア撤兵

先に見たように、原はシベリア出兵に反対であったが、後継首相推薦の実権を持っている元老山県有朋が賛成するようになったので、将来の組閣を考えて妥協し、限定的な出兵を支持した。ところが、原の危惧した通り、山県系の寺内正毅内閣は陸軍の意向に従い、兵力を増加した戦時編制の三個師団を出兵させてしまった。これは結果として、約七万二四〇〇名にも達し、原の主張したアメリカと同数の出兵という枠の一〇倍以上になる。

原首相は組閣直後から、出兵した不必要な兵は越冬させずに撤兵する方針で、田中義一陸相と合意した。他方アメリカは、日本がシベリアへ多数派兵したことを日米共同出兵宣言の侵害とみなし、一九一八年一一月中旬に日本を強く批判するようになった。原首相にとって、シベリア出兵は内政大改革の予算を制約するのみならず、特にアメリカを重視する協調外交の障害にもなってきた。

そこで一二月中旬、原は内田康哉外相・田中陸相・加藤友三郎海相と会談、シベリアから半数以上の兵力を撤兵させる方針を田中陸相が提議し、原が同意する形にして田中と陸軍のメンツに配慮しながら、四人の合意とした。これはすぐに閣議決定され、田中は天皇の裁可を得た後、陸軍参謀本部に通知したか、あるいは多少の相談があっても事実上の通知のような形で、撤兵を実施した。原内閣は組閣後三ヵ月で、一〇月と一二月の二回にわたり、出兵総数を二万名余りまで減少させるとの撤兵の決定を行い、実行していったのである（『原敬日記』一九一八年一二月一八日、二七日）。

大日本帝国憲法には、作戦など陸・海軍を指揮する統帥権が内閣から独立しているとの条文があった。それを具体化する形で作られた陸軍の規定では、撤兵などの作戦計画は参謀本部が担当の中心（「主管《しゅかん》」）であり、参謀総長が陸相と相談して決めることになっていた（森靖夫『日本陸軍と日中戦争への道』）。

ところが、今回は陸相も含めた内閣主導で決定し、参謀本部は通知される存在にすぎなかった。これは原の目指す、衆議院を背景とした内閣が軍事も含めすべてを統制するというイギリス風の政党政治に運用面で近づいたことを意味する。

この後一九二〇年六月にも、原首相はシベリアのチタ及びハバロフスクからの撤兵に関し、類似したことを行う。ところが今回は、原首相が主導し、外務省・陸軍省が起草して、参謀本部に相談せずに閣議で決定し、参謀本部に通知したところ、参謀本部が反発し、上原勇作参謀総長より田中陸相宛に差し戻すことになった。上原参謀総長は田中陸相に辞職の意思さえ示したが、田中は、閣議は自由にならないと押し切り、上原の辞任も思いとどまらせた。このように、統帥事項においても、原首相は参謀本部を内閣に従わせる事実を積み重ねたのである。

このようなことが可能になったのは、一つは外交官時代以来、原が基本的な軍事知識を持ち、軍の立場も十分に尊重し、原内閣では田中陸相・加藤海相などの信頼を得ていたからである。原は公使・領事時代は主に公使館・領事館に勤務する軍人から、逓相・内相時代は主に同僚の陸相や海相から、軍事知識を得ていたと推定される。原は、陸軍や海軍のような特に独立性が強くなりがちな組織を統轄するには、彼らに信頼されるように、また騙《だま》されないように、十分な軍事知識が必要であると、早くから自覚していたのである。

もう一つは、すでに述べたように、首相として原が普選運動や労働運動を鎮静化させ、革命を恐れる元老で陸軍の長老山県元帥の信頼を得るようになっていたからである。山県は、シベリア撤兵が絡む参謀本部の問題で、原首相が辞表を出すことを最も恐れ、原を支持する。また、山県は陸軍の主要人事の人選権をインフォーマル（非公式）に掌握し続けており、上原参謀総長や参謀本部幹部らも、山県を敵に回す行動はとりにくかった。

ところが、一九二〇年六月にニコライエフスク事件（尼《に》港《こう》事件）が日本に報じられたことによって、シベリアからの撤兵が妨げられる。この事件は、一九一九年から翌年にかけ、沿海州のニコライエフスク港が氷に閉ざされた中で、越冬していた日本人陸・海軍将兵約三五〇名と日本人居留民約三八〇名が、ロシア革命派であるパルチザン部隊との戦闘に敗れ、大半が戦死し、捕虜になった一四〇名余も全員虐殺された事件である。

ジャーナリズムは「国辱」として大きく報じ、懲罰と補償を求めた。原内閣はこの対外硬論の「世論」を無視できず、北樺太に派兵し、沿海州のハバロフスクに駐兵せざるを得なくなった。

原は、ニコライエフスク事件に関わる新たな出兵の代償として、可能なら北樺太の石油利権などを得ようと考えた（麻田雅文『シベリア出兵』）。日本が被害者となったということで、いったん出兵してしまうと、帝国主義の時代の列強の慣例では、何がしか領土か利権を得るのが当然とみなされていた。すでに述べたように、世界は帝国主義の時代から脱却し始め、アメリカは他国にそれを唱道したが、アメリカも含め帝国主義の要素を多分に残していた。原が新たな出兵の代償を求めたのは、日本国内でも特に陸軍などで代償にこだわる声が根強かったからである。*

こうしてシベリアからの完全撤兵は、一九二二年一〇月末までずれこんだが、原首相が撤兵への枠組みを作った意義は大きい。

＊近年刊行された、前掲、麻田『シベリア出兵』は、原はシベリア出兵に反対で、首相就任後は占領地域の縮小に奮闘したが、「時間が経つほど、何かしらの代償を得る協定を、ロシア側と結ばなければ撤兵できない、という考えに縛られていった」（一九二頁）。「ウラジオストクをはじめとする沿海州南部や、北満洲（中東鉄道沿線）から撤兵するのに、原は消極的だった。北サハリンについては、撤兵を考慮すらしていない。その理由として、原が、植民地の朝鮮や南満洲での既得権益の防衛、さらには北満洲と北サハリンでの新たな利権獲得に執着していたことがある」（二四六頁）とする。麻田は、原が新たな利権獲得に執着して主体的に撤兵を遅らせたと主張している。しかし、この見解は『原敬日記』などの基本史料を十分に読み込んでいないため、原の置かれた状況への理解が浅くなったことからくるものである。理由は、以下の四点である。(1)北樺太やニコライエフスク等の占領が、田中義一

陸相らから出されて問題となるのは、一九二〇年六月にニコライエフスク事件の情報が日本に伝わってからで、それは原首相が最も重視する西シベリアからの撤兵の実施を予定通り行うこととセットであった。陸軍参謀本部は、ニコライエフスク事件で西シベリアからの撤兵に消極的になっていたからである（『原敬日記』一九二〇年六月一八日、二一日、二五日）。(2)原は、田中陸相の要求をあまり抑えると田中が陸軍を統制できなくなるので、六月二八日の閣議でチタ方面より撤兵することと、「サガレン」（樺太）州において必要と認める地点を占領し、「ハバロフスク」と「ニコライウスク」の二地方にやむを得ず駐兵することに決めた。樺太の必要な地点の占領の決定があったので、田中陸相は参謀本部の抵抗があっても押し切り〔シベリア撤兵を〕実行することを原に述べ、原も田中をあくまで後援すると約束している（同前、一九二〇年六月二八日）。(3)一九二一年四月以降、原と田中陸相の間で、北樺太の駐兵継続（利権獲得）は別にして、シベリア撤兵に加えて、第一次世界大戦でドイツの根拠地である中国の青島を攻略して以来駐兵している、山東半島からの撤兵も実施する方針が合意され、政府の方針となることである（同前、一九二一年四月八日、五月一六日）。すなわち、原は北樺太の利権獲得ということで、帝国主義的要求を求める陸軍などの反感を緩和しながら、国際的な強い批判を受けやすい、より重要なシベリア撤兵・山東撤兵を実施する方針を形成する。(4)また、麻田『シベリア出兵』は、原が沿海州南部などから撤兵しない理由として、「植民地の朝鮮や南満洲での既得権益の防衛」を挙げている（二四六頁）。これも、原が本音と列強などへの配慮からの建て前をきちんと書き分けた日記を、厳密に読めていないことからくる誤りである。その根拠は、原と田中陸相、加藤友三郎海相、高橋是清蔵相ら政権中枢で意思疎通の良い閣員たちとの密談で、そのような理由が話題となることはまったくないことである（『原敬日記』）。それは、一九二〇年六月二八日の閣議決定の「趣旨」（同前、一九二〇年六月二八日）や、一九二一年一〇月一四日にワシントン会議に赴く代表団に与えた訓令等、列強を意識した文章にしかない。つまり、原首相・内閣が自らの方針に沿って、シベリア撤兵・山東撤兵を実施するにあたり、陸軍などとの妥協で時期が遅れ、かつ北樺太駐兵を行うので、列強の批判を受ける恐れがあるため、それを緩和する必要上から、挿入したにすぎない。原首相は、撤兵を遅らせないと植民地朝鮮や南満州の権益地での日本の支配が動揺する、と本心から恐れていたわけではない。

「宝積」の思想

ここで、これまで述べた原内閣の政策の背景にあった原の思想について、簡単に述べておこう。それには、盛岡市にある原家の菩提寺大慈寺の本堂再建の話から始めねばならない。

一九一四年（大正三）五月に母リツが死去し、その葬儀を機会に、原は大慈寺の本堂を私費で新築しようと決意した。本堂は、首相に就任した直後の一九一八年一〇月一五日に竣工した。多忙で盛岡に戻れなかったので、入仏式は翌一九一九年七月三日に行われた。

本堂新築など、大慈寺関係の総費用は金額がわかっているものだけでも約二万円（現在の約一億二〇〇〇万円）にもなった。原はこの費用の出どころとして、金額は言わずに盆や暮れにいただく御下賜金《ごかしきん》を別に貯金しておいたもの、と政治向きの私設秘書的役割を果たしていた前衆議院議員鈴木巌に話している。

この御下賜金の実態が、近年、侍従長を長年務めた徳大寺《とくだいじ》実則《さねつね》の日記が公開されたことにより、わかるようになった。その慣行が始まるのは、日清戦争の賠償金中から二〇〇〇万円が皇室費に組み入れられ、皇室財政に余裕ができた一八九八年年末からである。額は、閣僚（辞任の関係で下賜されていないと、前閣僚にも下賜）が毎回一五〇〇円と推定される（「侍従長徳大寺実則日記」一八九八年一二月二八日、一九〇〇年一二月二八日、「宮内公文書館所蔵文書」三五九八五、三五九八六）。原は逓相一回、内相三回を経て首相に就任しているので、一九一九年七月の入仏式までに、一二回、合計一万八〇〇〇円下賜されていると思われる。当時は金利が高く、年数パーセント以上ある。原の御下賜金預金は、判明している大慈寺本堂新築などの総費用約二万円をはるかに上回り、原の話が信頼でき、原が金銭に清潔だということが改めて確認できる。

話を大慈寺の入仏式へと進めよう。入仏式には、黄檗宗《おうばくしゅう》の本山である京都宇治の万福寺《まんぷくじ》から管長隆琦大雄《りゅうきだいゆう》老師はじめ名僧十数人が参列、原も一族を同伴して出席、県庁・盛岡高等農林学校（現・岩手大学農学部）・裁判所からの高等官、市内の実業家など、百数十名も列席した。

その際に配付された記念の扇子には、原が揮毫《きごう》した「宝積《ほうじゃく》」の文字を縮小したものが写されていた（『岩手日報』一九一九年七月四日、原敬「宝積」〔一九一九年夏日〕の書幅、「原敬記念館所

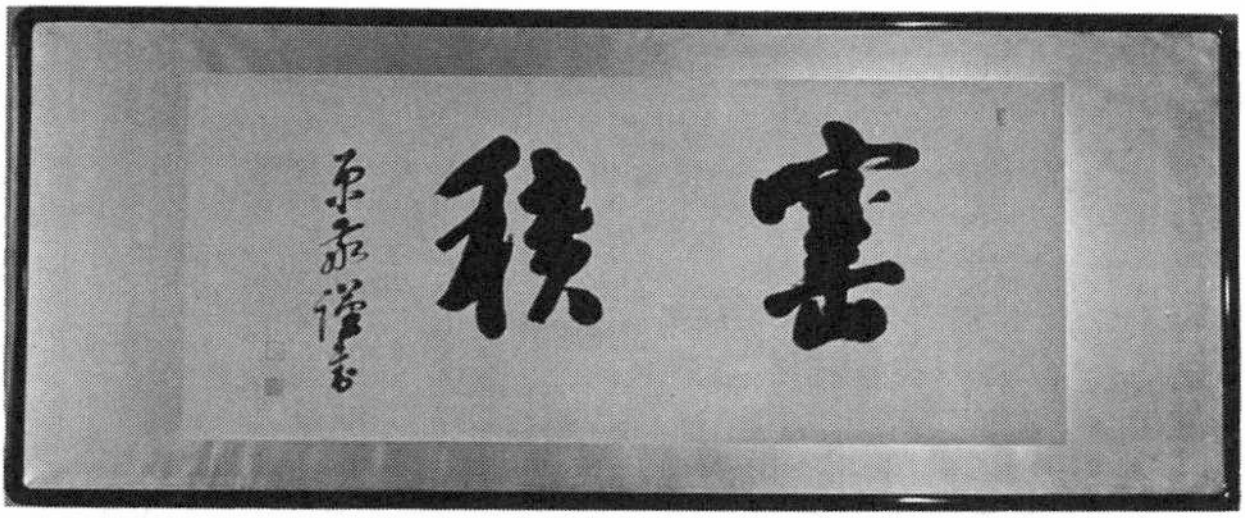

自民党幹事長室にかかる原敬の筆になる「宝積」の扁額

蔵資料」四〇〇二番)。

今のところ、原関係の史料に「宝積」の語が登場するのは、これが最初である。「宝積」とは、禅宗の言葉で、見返りを求めずに善行を積む、といった意味である。「公利」(公共性)を目指し、青年時代から自らを律して生きてきた原であっても、自分の行為がすべて「宝積」の思想に合致しているとは思っていないだろう。だからこそ、首相となって九ヵ月を経て、権力の頂点に立った六三歳の原は「宝積」の理想を常に心がけようと決意を新たにしたのだろう。

この前年の一九一八年に、原は「無私」の書を残している(「原敬記念館所蔵資料」四〇〇〇番)。「宝積」の翌年、一九二〇年九月一五日の政友会創立二〇周年を記念して、原は扇子に「天下与《と》共に春風に坐《ざ》さん」(世界の人々とともに春風の中に座っているような良い社会にしたい)と書いた(同前、三九六一番)。公共性(「公利」)のためなら対立する者たちと争ってでもやり遂げる、という原の青年期からの気持ちに変化が生じたのだ。理想の実現のためには、恨み、怒りなどの個人のさまざまな感情を意識して捨て去り、対立する者をも包み込み、よりよい社会を着実に実現する、と思想的・精神的に深まったといえる。

「春風」の扇子を配ってまもなく、同年一二月に、原が石原健三《いしはらけんぞう》宮内次官（中村雄次郎《なかむらゆうじろう》宮相不在）に、維新の功勲者として三条実美・岩倉具視（以上公家出身）、木戸孝允（長州出身）、大久保利通（薩摩出身）および伊藤博文（長州出身）のような人々の伝記を編纂してはどうか、と提案している。原は薩摩・長州への怨念を、完全に拭い去っていたのである。

この原の政治や人生への姿勢を、原と同時代に中堅衆議院議員（政友会）であった木下謙次郎の眼から再び見てみよう。木下は言う。

原は「立憲政治家としては一番恰好《かっこう》の付いた人のやうに見えますね」「それは何から来るかと云ふと、あの人は吾々みたいに口では言はぬけれども、外の人に較べて見れば、政治と云ふことを除いて人生の意義に徹して居た。言葉を換へて言へば人生に対する一つの哲学を持つて居る。そこに徹底して居た。政治は人生の総てではないのだ。人生の中の一部のもので、可《か》なり人間が興味を持つものである。だから人生に能《よ》く徹底した眼で見て政治をやつて居るのだから、原敬の身体自身が政治ではない。だからあの人の政治はゆとりがある。人生に対する一つの哲学を持つて居る。それで政治をやつて居る。それで見方に依つては垢抜《あかぬ》けをして居る」（「木下謙次郎氏談話速記」『政治談話速記録』第三巻、二八〇頁）。

さらに、次項で見るように、何よりも山県を包摂する原の政治姿勢によって、原の「宝積」を目指す思想の深まりが確認できる。

山県を包み込む

思いがけず、元老山県有朋は失脚しかねない状況に追い込まれる。その原因は、裕仁皇太子（後の昭和天皇）の結婚相手選定問題である。

裕仁皇太子が一八歳になって間もなくの一九一九年六月一〇日、宮内省から久《く》邇宮《にのみや》邦彦《くによし》王の第一女良子《ながこ》女王が、皇太子妃に内定したとの御沙汰が出された。この選定の中心となったのは、山県系ではない波多野《はたの》敬直《よしなお》宮相であった。

ところが、良子女王に薩摩の島津家出身の母から受け継いだ色覚異常遺伝の要素がある可能性があり、生まれた男子の半数が色の区別が十分にできないかもしれないことがわかった。山県は、良子女王から生まれた男子が将来即位して軍人の長である大元帥となった場合、徴兵検査に合格できない色覚異常となる可能性があることを問題視した。

そこで、山県はまず波多野宮相を別の問題を理由に辞めさせた。次いで、山県ら元老と後任の中村雄次郎宮相（山県系軍人）は、皇族筆頭の伏見宮貞愛親王の意見を伺い、久邇宮家に良子女王の婚約内定辞退を願うことになった。ところが久邇宮は、一九二〇年一一月末に貞明《ていめい》皇后に上奏文を提出し、簡単に婚約を辞退しないとの意志を示した。このように事態が展開したのは、大正天皇の心身の状況が一九一九年以降さらに悪化し、勅語の朗読など、天皇としての形式的な仕事すらできなくなっていたからである。

原は、山県ら元老たちや宮相が、首相である自分に知らせずに、半年近くも右の問題に取り組んだ後、政治問題化する気配となり、一九二〇年一二月七日に初めて知らされた。

翌一九二一年一月になると、久邇宮や彼を支持する右翼の活動が活発化した。二月一一日の紀元節（現・建国記念の日）には、右翼活動家たちが明治神宮に多数集まり、良子女王が皇太子と結婚する運動を行おうとしていることが、警察に察知された（当日、実際に内田《うちだ》良平《りょうへい》ら三〇〇〇名の右翼活動家が結集）。前年一二月末、元老山県は、婚約に関し当初の調査が不十分であったとの待罪書《たいざいしょ》を作成し、宮内次官に上奏を頼み、小田原の別荘で謹慎して、天皇の自分への処分と久邇宮の婚約内定辞退を待った。

この問題を提起し中心となって動いた責任者が不在となったので、原首相は中村宮相に、婚約を続行するか変更するか、自らの責任で速やかに決めることを勧めた。結局、中村宮相は山県と面会した上で、婚約内定を続行することを決断、右翼たちが結集を予定していた日の一日前、二月一〇日にそのことを各新聞社に通知した。二月一一日の各紙は婚約続行を報道し、当日は大きな混乱は起きなかった。これまでの騒動の責任を取り、山県系の中村宮相と次官は辞任し、山県系でない牧野伸顕が宮相に、次官も牧野に近い者が就任し、山県系の宮中支配は崩れた。

二月二〇日前後には、枢密院議長でもある元老山県が官職と栄典の拝辞を、元老でもある松方正義内大臣が辞表を提出した。松方は薩摩出身ということで、騒動の道義的責任を取ったのである。原首相にとっての当面の大きな問題は二つあった。皇太子妃問題にどう対応するかとともに、それによる混乱にもかかわらず、三月三日から予定されていた裕仁皇太子の半年間の渡欧を、無事に実施することであった。

原は首相として主導権を握り、まず皇太子の出発を無事にすませる。その後、新任の牧野宮相を指導し、五月一八日に病気の大正天皇が山県・松方に留任せよというありがたい言葉を下すという形で、二人をそのままの地位にとどめ、旧敵山県を救った。原は右翼の運動が勢いづき、秩序が混乱することを望ましくないと見たからである。すでに、山県は原が自分を支持してくれると知り、三月末には原に心酔するようになっていた。

皇太子妃選定問題は、原のあずかり知らぬところで、内閣の危機にまで発展しそうになった。しかし注目すべきは、原がそれを乗り切ることで、山県に内密であるが、田中陸相と連携して後任陸相の人事にまで実質的に関われるほど、陸軍への統制を強めたことである。その後、裕仁皇太子が九月三日に無事帰国すると、病気の大正天皇の摂政に、裕仁皇太子が就任する方向を決めるという宮中の問題においても、原首相が主導権を握った。

こうして、伊藤博文や山県有朋という例外的な人物を除き、従来の首相が十分に統制できなかった軍部や宮中を、原は法律の改正によってではなくインフォーマル（非公式）な形で統制し、イギリス風の政党政治に近づけたのである。それは、山県を包摂するなど、すでに述べた「宝積」を目指す原の思想的深まりを反映していた。このまま政治への原の影響力が継続すれば、原は軍や宮中へのインフォーマルな統制を、憲法以外の法改正や整備により、法の支配の下での統制に変えることができたであろう。そうすれば、原のような大物政治家がいなくても、より安定した政党政治が日本に展開した可能性がある。

暗殺

ところが、原が暗殺されたことで、近代日本の様々な可能性が奪われてしまう。

一九二一年（大正一〇）八月五日から一八日まで、原は生前最後に盛岡を訪れ、地元の大歓迎を受けて「上機嫌」で過ごした。

　同年一一月四日、原は翌日に京都で開かれる政友会近畿大会に列席するため、東京駅を一九時三〇分に出る列車に乗ろうと、駅長の先導で改札口に向かっていた。そこに中岡艮《なかおかこん》一《いち》青年が襲いかかり、原は右胸部を鋭い短刀で突き刺されて、まもなく絶命する。中岡は大塚駅の日給の転轍手《てんてつしゅ》（線路のポイントを切り換え、列車を他の線路に導く操車担当の従業員）であった。中岡の背後に、暗殺を企画した右翼関係の黒幕があったかどうかについて、種々の推定が行われているが、真相を確定することはできない。

東京駅丸の内南口（上）には、今も原の暗殺現場を示してある（下）

　皇太子妃選定問題が有力な原因の一つであることは、間違いないであろう。原に脅迫状などが来るようになったのが、同年二月一一日の紀元節に向けて右翼が婚約内定続行の運動を展開し、その後も皇太子渡欧中止を求める動きとしてくすぶっていた時期と一致するからである。そのため、原は二月二〇日に遺書を書いている。

また、良子女王を皇太子妃として決定する問題は、貞明皇后の姿勢もあり、その後も宮中内部と原首相の間で確定していなかったからである。貞明皇后は、公式にはまだ内定段階にあるにもかかわらず、久邇宮邦彦王が皇太子と良子女王の婚約が決定したという態度でいたことに反感を持ち、婚約続行との中村宮相の発言は勅許を得たものではない、と内々に述べていた。

貞明皇后の態度に同調して、原首相は、皇太子妃問題は皇太子と皇后の意見を聞かないで決定するのは穏当ではないので、皇太子が摂政になった後に解決すべきである、と考えた。またその意向を、遅くとも七月上旬までに、牧野宮相に伝えた。もし、久邇宮同様に婚約が決定したものと考えていた右翼活動家がこの原の動きを察知したなら、暗殺に走っても不思議ではない。原暗殺後、婚約続行に疑問をはさむ動きは、消滅した。

原の葬儀は、遺書に従い故郷盛岡市の菩提寺大慈寺で行われた。当日の一一月一一日には、当時の現住人口四万二四〇〇人余りに対し、「約三万人」の会葬者があったと地元紙が報じるほど、多数の人々が参列した。文字通り、「盛岡市民葬」「岩手県民葬」だったのである。

原の死によって、大きく三つの可能性が失われた。一つ目は、すでに述べたように、政党内閣が軍と宮中の統制を十分に行えるようにする立法の可能性である。

二つ目は、政党改革の可能性である。原は政友会を、腐敗が少なく、公共性推進の役割を果たすものに改革していこうと考えていた。しかし、一九二〇年代半ば以降、政党政治が展開するようになると、二大政党である政友会と憲政会（後身の民政党）は、政権を取ると権力対立をむき出しにし、反対党の政策を否定した。さらに権力を利用して金銭の収賄を図り、政権を失うと反対党にその事実を暴露された。そうして政党は腐敗したもの、というイメージを互いに広げていった。こうして政党内閣の権力の正当性が減退し、軍部が台頭する有力な原因の一つとなっていった（伊藤之雄『日本の歴史22　政党政治と天皇』二五四〜二五六、三〇九〜三一一頁）。

三つ目は、昭和天皇が適切な助言者を得られた可能性である。原自身は妻浅に、「元老だけはまっぴらだ。そんなもんにはならんさ」と言っていたという（原奎一郎『ふだん着の原敬』）。しかし、原の性格から判断し、山県・松方が死去し、西園寺が唯一の元老として、未熟な政党政治を軌道に乗せようと尽力しているのを放任できるはずがない。原が元老になれば、大正天皇の崩御により、二五歳で即位した政治的に未熟な昭和天皇にとって、原は、もっとも円熟した有力な助言者になるはずであった。昭和初期に昭和天皇は、張作霖《ちょうさくりん》爆殺事件への対応（一九二九年）、ロンドン海軍軍縮条約に関わる上奏聞き入れ拒否（一九三〇年）、満州事変に関わる日本軍の独断越境への対応（一九三一年）と、立て続けに政治的に不適切な行動を選んでしまった。これは、元老西園寺が高齢で、身近に仕える宮中側近が原ほど円熟しておらず、天皇への助言が不適切だったせいである。その代償は大きく、軍部の不信を買い、彼らへの統制力を形成することに失敗した（伊藤之雄『昭和天皇伝』）。

　以上の三つが発端となって、満州事変の拡大、日中戦争からアメリカやイギリス等も敵に回したアジア・太平洋戦争への道が開かれていく。その過程で、原が重視した日米関係は、とりわけ一九三七年以後、極めて悪化していくのである。原の葬儀は、健全なる日本外交と政党政治の発展にとって、落日への道の始まりだった。

　しかし、原が計画した教育制度・鉄道などのインフラは、不況と戦争等で遅れながらも一九三〇年代に多くが完成していき、戦中・戦後から一九六〇年代初頭までの日本経済を支える大きな基盤となった。

　現在、気候の温暖化などの地球規模の危機が迫っている。この中で日本は、少子高齢化社会が進んでいるにもかかわらず、先進国中で例のない膨大な政府債務を抱えており、いずれ非常な財政危機に見舞われるかもしれない。国際的な気候温暖化対策に協力する公共的国家を目指すことが求められる一方、温暖化が日本にもたらす災害の増大が、復旧や対策費用を増加させていく。さらに、日本をとりまく東アジアの安全保障環境も悪化している。

　こうした中で、新型コロナウイルスの問題が二〇二〇年一月以来日本を揺るがし、さらに世界に拡大し、東京オリンピック開催にも影響を与えている。東日本大震災における原子力発電所の放射能汚染問題への対応と同様、今回の感染症問題も対応が適切だったか、いずれ首相以下のリーダーシップが検証され、今後の教訓とされなければならないだろう。日本が抱える問題はますます大きくなっているといえよう。

　このような新状況で求められるのは、原のように、国民全体に共感し、世界や日本の未来を想像する能力であり、長期的なヴィジョンを打ち出せる力である。その下に、日本の体制を大きく変える政策を、現代に合致する形で行うことである。また、日本の安全保障に必要な費用を減らすため、東アジアに平和的な秩序を作る創造力である。加えて、それらの大枠と見通しを国民にわかり易く説明する誠実さである。さらに何よりも、リーダーの公共性を目指す道徳意識と、苦境にもくじけない精神の強さが、国民のそれにも増して必要とされるであろう。原敬という存在は、私たちにこうしたことを教えているように思える。

あとがき

世には、英雄や「英雄史観」が嫌いな人が少なくないのは承知しているが、今回の新型コロナウイルス問題で改めて確認されたのが、政治におけるトップリーダーの判断と決断の重要性である。原敬は近代日本の最高のリーダーの一人である。また、若い頃に苦難の時期を送り、それを乗り越えて成長したという点で、私は原に親近感を覚える。

原の最大の試練は、東京での学費に窮し、一六歳の冬からフランス人神父の学僕という下働きをしながら学問を続け、二〇歳の夏に司法省法学校に合格するまでの三年半と、一見恵まれた条件の同校を二年半で退学した後、中江兆民の塾に入ったり郵便報知新聞社などで下積みをしたりしていた二六歳までの三年間、合計六年半である。念願の外務省に入るまでとすれば、約七年となる。私も大学院博士課程を終えてから、七年間定職がなく、予備校で大学受験の日本史を教えたり大学の非常勤講師をしたりして食いつなぎ、なんとか研究を続けた。

もう一つは、原がフランス人神父の学僕から遠回りして外務省に入るまで、フランス語習得の努力を続け、入省後はさらにそれに磨きをかけ、政治・外交のヴィジョンを形作ることに役立てたことである。

私は七年間の後、京都薬科大学専任講師として就職できた。予備校等で教えていた時の半分以下の授業負担で二倍以上の年収を得、これで研究が進むと喜んだ。しかし、薬大での私の主な仕事は、通年で一般教育の英語一コマ九〇分を四コマ、歴史学を一コマ教えることだった。英語の読解には自信があったが、「英語の先生」になるために、就職が決まると毎日ラジオやテレビで生の英語を四、五時間聴き、シャドーイングも行った。採用前から薬大在任中の二年九ヵ月ほど英語を勉強したことはない。

こんなに英語を勉強しても、将来長期の在外研究ができ、アメリカやイギリス等の歴史・政治・文化を学び、自分の歴史研究に活かす機会が本当に来るのかと思うこともあった。原も苦難の時代にフランス語の勉強をしながら同じ気持ちであったのではないか。予備校や薬大時代、原がエヴラール神父に接したように、私も学生に全力で接した。その後、名古屋大学文学部助教授として、充実した四年間を過ごし、京都大学大学院法学研究科の教授となる。翌年からハーヴァード大学で約二年の在外研究の機会を与えられた時の高揚感は、原がパリの日本公使館書記官として赴任した時の気持ちに似ているのではないか、とも想像する。

約四〇年前に新たな「原敬関係文書」が盛岡市の蔵から発見されたことにより、山本四郎先生（京都女子大学文学部）を中心として同文書の整理や刊行をするための研究会が立ち上がり、大学院生だった私も中心メンバーの一人となった（伊藤之雄「『原敬関係文書』の発見と意義」『日本史研究』六七〇号、二〇一八年六月）。原との不思議な絆を感じる。

ところで、私の学部生時代から研究上の憧れであり目標であった先生方の中で、松尾尊兊（京都大学文学部）・三谷太一郎（東京大学法学部）・坂野潤治（東京大学社会科学研究所）の三先生の御業績を忘れられない。しかし史料状況の改善とあいまって、一九八九年のベルリンの壁崩壊と、その後の世界と日本政治の混乱と停滞を見るにつけ、戦後歴史学の大きな潮流の中で成果を残された先生方の研究に、少しずつ違和感を覚えるようになった。

松尾先生は大正期の吉野作造の主張同様に普選にすれば世の中がよくなるとの前提で、選挙権拡張史を研究の主眼とされてきた。しかし、本書でも述べたように、急速な有権者増大は政治の混乱を引き起こし、民主主義の発展にとって本当によいことか、という疑問を持つようになった。原はアメリカを重視した外交や経済政策を推進したという三谷先生の御指摘には同感である。しかし、原が率いる政友会は、山県系官僚閥に対抗し政党政治を推進するために鉄道建設等の地方利益誘導によって政友会の基盤を強めた、という主張には信頼できる史料的根拠を見出せなかった。これは原理解の根幹に関わるもので、私は原が政治の理念とした「公共性」「公利」等の新しい概念を加え、原をとらえ直したい。

坂野先生の代表的見解は本書と直接関係しないが、伊藤博文に長期的で確固としたヴィジョンを認めないとらえ方（坂野潤治『明治憲法体制の確立』）には、違和感を覚える。それは、拙著『伊藤博文』等でも示したように、伊藤も含め木戸孝允・大久保利通ら維新のリーダーたちに、とりあえず議会政治の面ではレベルの低いドイツ風の国家で、いずれはイギリス風に、との構想があるからである。若き頃の辛苦の時代でも、原は藩閥政府の改革的政策を評価していた。原は彼らの後継者といえる。

歴史家は実証的であることは当然とし、その存在感を高めるものは、芸術家・作家と同様に作品に訴えるものがあることだろう。私の作品に三先生のような個性があることを願いつつも、遠くに来たものだと思う。これまでの日々と同様に、今後も時間のある限り、知力・体力の限界まで史料を読み込み、考察し、黙々と執筆を続けてゆきたい。

最後になったが、講談社学術図書編集チームの梶慎一郎氏は、前著に引き続き、私の意図を汲んだ編集をしてくださった。心からの感謝を申し上げる。

二〇二〇年四月末　生後七ヵ月の柴犬健次郎と高野川・賀茂川べりを散歩しながら

伊藤之雄

主要参考文献

史料

『日本外交文書』や外務省外交史料館、国立国会図書館憲政資料室および防衛省防衛研究所図書館所蔵史料など、私の著書や論文で使用し、本書で直接言及しなかったものもある。また国立国会図書館所蔵・寄託等の各文書名中の「関係」は省略した。

●未刊行のもの

「伊東伯爵家文書・朝鮮王妃事件関係資料」（「憲政史編纂会収集文書」所収。国立国会図書館憲政資料室所蔵）

「伊藤博文文書」（国立国会図書館憲政資料室所蔵）

「井上馨文書」（国立国会図書館憲政資料室所蔵）

「大隈重信文書」（マイクロフィルム）

「岡崎邦輔文書」（国立国会図書館憲政資料室所蔵）

「岡本信正家文書」（岡本家所蔵）

「桂太郎文書」（国立国会図書館憲政資料室所蔵）

「清岡等文書」（岩手県立図書館寄託）

参謀本部「参謀本部歴史」〔一九二〇年六月～一九二四年一二月〕（中央－作戦指導－一一〇、防衛省防衛研究所史料閲覧室所蔵）

「侍従長徳大寺実則日記」（宮内公文書館所蔵）

「大正十三年七月西伯利派遣軍作戦経過概見図」（戦役－西伯利出兵－七一、防衛省防衛研究所史料閲覧室所蔵）

「勅令」（『官報』、国立国会図書館日本法令索引〈インターネット〉）
「寺内正毅文書」（国立国会図書館憲政資料室所蔵）
「野田卯太郎文書」（国立国会図書館憲政資料室寄託）
「原敬文書」（大慈会所蔵）
「原敬記念館所蔵資料」（公益財団法人盛岡市文化振興事業団原敬記念館所蔵）
「原敬個人履歴ファイル」（「外務省記録」Ｈ１３２、外務省外交史料館所蔵）
「星亨文書」（国立国会図書館憲政資料室寄託）
「前田正名文書」（国立国会図書館憲政資料室所蔵）
「牧野伸顕文書」（国立国会図書館憲政資料室所蔵）
「松本剛吉文書」（国立国会図書館憲政資料室所蔵）
「三浦梧楼文書」（国立国会図書館憲政資料室所蔵）
「陸奥宗光文書」（国立国会図書館憲政資料室所蔵）

●刊行されたもの

伊藤隆編『大正初期山県有朋談話筆記・政変思出草』（山川出版社、一九八一年）
伊藤博文関係文書研究会編『伊藤博文関係文書』第六巻、第七巻（塙書房、一九七八年、一九七九年）
大山梓編『山県有朋意見書』（原書房、一九六六年）
大山梓・稲生典太郎編『条約改正調書集成』下巻（原書房、一九九一年）
岡義武・林茂校訂『大正デモクラシー期の政治―松本剛吉政治日誌』（岩波書店、一九五九年）
外務省編『日本外交年表竝主要文書』上巻（原書房、一九六五年）
外務省編『日本外交文書』一六巻、二五～二九巻（外務省、一九五〇年、一九五二～一九五三年）

小林龍夫編『翠雨荘日記』（原書房、一九六六年）
田中朝吉編（代表）『原敬全集』上・下巻（原敬全集刊行会、一九二九年）
栃木県史編さん委員会編『栃木県史　史料編　近現代九』（栃木県、一九八〇年）
原奎一郎（貢）編『原敬日記』全六巻（福村出版、一九六五～一九六七年）
原敬『懇親会席上演説』（羽田浪之紹、一九〇二年）
原敬文書研究会編『原敬関係文書』〔全一一巻〕（日本放送出版協会、一九八四～一九八九年）
山本四郎編『第二次大隈内閣関係史料』（京都女子大学、一九七九年）
「木下謙次郎氏談話速記」（広瀬順晧監修・編集『政治談話速記録・憲政史編纂会旧蔵』第三巻、ゆまに書房、一九九八年）

●新聞・雑誌

『岩手公報』（国立国会図書館新聞閲覧室所蔵マイクロフィルム）
『岩手日報』（国立国会図書館新聞閲覧室所蔵マイクロフィルム）
『岩手毎日新聞』（岩手県立図書館所蔵マイクロフィルム）
『大阪朝日新聞』（マイクロフィルム）
『大阪毎日新聞』（マイクロフィルム）
『峡中新報』（山梨県立図書館所蔵マイクロフィルム）
『国民新聞』（マイクロフィルム）
『大東日報』（京都大学付属図書館所蔵）
『中央新聞』（国立国会図書館新聞閲覧室所蔵マイクロフィルム）

『東京朝日新聞』（マイクロフィルム）
『東京日日新聞』（マイクロフィルム）
『報知新聞』（国立国会図書館新聞閲覧室所蔵マイクロフィルム）
『郵便報知新聞』（復刻版）
『横浜貿易新報』（国立国会図書館新聞閲覧室所蔵マイクロフィルム）
『読売新聞』（マイクロフィルム）
『官報』
『憲政党党報』（復刻、柏書房、一九八五年）
『自由党党報』（復刻、柏書房、一九七九年）
『政友』（復刻、柏書房、一九八〇～一九八一年）
『新岩手人』（田口生編『原敬関係記事輯録』原敬記念館所蔵）
The Times

原敬を直接取り上げた文献

伊藤之雄編著『原敬と政党政治の確立』（千倉書房、二〇一四年）
伊藤之雄『原敬―外交と政治の理想』上・下巻（講談社選書メチエ、二〇一四年）
川田稔『原敬　転換期の構想―国際社会と日本』（未來社、一九九五年）
木村幸治『本懐・宰相原敬―原敬日記をひもとく』（熊谷印刷出版部、二〇〇八年）
季武嘉也『原敬―日本政党政治の原点』（日本史リブレット、山川出版社、二〇一〇年）
玉井清『原敬と立憲政友会』（慶應義塾大学出版会、一九九九年）
長文連『原首相暗殺』（図書出版社、一九八〇年）

テツオ・ナジタ『原敬—政治技術の巨匠』（読売新聞社、一九七四年）
原奎一郎（貢）『ふだん着の原敬』（毎日新聞社、一九七一年〔中公文庫版、二〇一一年〕）
原敬遺徳顕彰会『写真集　原敬—歿後五十年その生涯』（毎日新聞社、一九七〇年）
福田和也『大宰相・原敬』（ＰＨＰ研究所、二〇一三年）
前田蓮山『原敬伝』上・下巻（高山書院、一九四三年）
松本健一『原敬の大正』（毎日新聞社、二〇一三年）
山本四郎『原敬—政党政治のあけぼの』（清水書院、一九七一年）
山本四郎『評伝　原敬』上・下（東京創元社、一九九七年）

単行本

麻田雅文『シベリア出兵—近代日本の忘れられた七年戦争』（中公新書、二〇一六年）
有泉貞夫『星亨』（朝日新聞社、一九八三年）
五百旗頭薫『条約改正史—法権回復への展望とナショナリズム』（有斐閣、二〇一〇年）
石井裕晶『制度変革の政治経済過程—戦前期日本における営業税廃税運動の研究』（早稲田大学出版部、二〇一四年）
池田さなえ『皇室財産の政治史—明治二〇年代の御料地「処分」と宮中・府中』（人文書院、二〇一九年）
伊藤之雄『大正デモクラシーと政党政治』（山川出版社、一九八七年）
伊藤之雄『立憲国家の確立と伊藤博文—内政と外交　一八八九～一八九八』（吉川弘文館、一九九九年）
伊藤之雄『立憲国家と日露戦争—外交と内政　一八九八～一九〇五』（木鐸社、二〇〇〇年）
伊藤之雄『日本の歴史22　政党政治と天皇』（講談社、二〇〇二年〔学術文庫版、二〇一〇年〕）
伊藤之雄『明治天皇—むら雲を吹く秋風にはれそめて』（ミネルヴァ書房、二〇〇六年）
伊藤之雄『元老西園寺公望—古希からの挑戦』（文春新書、二〇〇七年）

伊藤之雄『山県有朋―愚直な権力者の生涯』（文春新書、二〇〇九年）
伊藤之雄『伊藤博文―近代日本を創った男』（講談社、二〇〇九年〔学術文庫版、二〇一五年〕）
伊藤之雄『昭和天皇伝』（文藝春秋、二〇一一年〔文庫版、二〇一四年〕）
伊藤之雄『元老―近代日本の真の指導者たち』（中公新書、二〇一六年）
伊藤之雄『「大京都」の誕生―都市改造と公共性の時代　一八九五～一九三一年』（ミネルヴァ書房、二〇一八年）
伊藤之雄『大隈重信』上・下巻（中公新書、二〇一九年）
岡本隆司『李鴻章―東アジアの近代』（岩波新書、二〇一一年）
菊池悟郎編『南部史要』（菊池悟郎、一九一一年）
北岡伸一『日本陸軍と大陸政策　一九〇六―一九一八年』（東京大学出版会、一九七八年）
小林和幸『谷干城―憂国の明治人』（中公新書、二〇一一年）
小林道彦『日本の大陸政策　一八九五～一九一四』（南窓社、一九九六年）
小林道彦『政党内閣の崩壊と満州事変―一九一八～一九三二』（ミネルヴァ書房、二〇一〇年）
小山俊樹『憲政常道と政党政治―近代日本二大政党制の構想と挫折』（思文閣出版、二〇一二年）
佐々木隆『藩閥政府と立憲政治』（吉川弘文館、一九九二年）
茂野吉之助『古河市兵衛翁伝』（五日会、一九二六年）
清水唯一朗『政党と官僚の近代―日本における立憲統治構造の相克』（藤原書店、二〇〇七年）
祖田修『前田正名』（吉川弘文館、一九七三年）
高橋秀直『日清戦争への道』（東京創元社、一九九五年）
高原秀介『ウィルソン外交と日本―理想と現実の間　一九一三～一九二一年』（創文社、二〇〇六年）
瀧井一博『ドイツ国家学と明治国制―シュタイン国家学の軌跡』（ミネルヴァ書房、一九九九年）
瀧井一博『文明史のなかの明治憲法―この国のかたちと西洋体験』（講談社、二〇〇三年）

瀧井一博『伊藤博文―知の政治家』（中公新書、二〇一〇年）
田保橋潔『近代日鮮関係の研究』下巻（文化資料調査会、一九六四年）
角鹿尚計『由利公正―万機公論に決し、私に論ずるなかれ』（ミネルヴァ書房、二〇一八年）
等松春夫『日本帝国と委任統治―南洋群島をめぐる国際政治　一九一四～一九四七』（名古屋大学出版会、二〇一一年）
栃木県史編さん委員会編『栃木県史　通史編8　近現代三』（栃木県、一九八四年）
長岡高人『盛岡藩校作人館物語』（熊谷印刷出版部、一九八〇年）
奈良岡聰智『加藤高明と政党政治―二大政党制への道』（山川出版社、二〇〇六年）
奈良岡聰智『対華二十一ヵ条要求とは何だったのか―第一次世界大戦と日中対立の原点』（名古屋大学出版会、二〇一五年）
西山由理花『松田正久と政党政治の発展―原敬・星亨との連携と競合』（ミネルヴァ書房、二〇一七年）
日本経営史研究所編・制作『創業一〇〇年史』（古河鉱業、一九七六年）
萩原淳『平沼騏一郎と近代日本―官僚の国家主義と太平洋戦争への道』（京都大学学術出版会、二〇一六年）
坂野潤治『明治憲法体制の確立―富国強兵と民力休養』（東京大学出版会、一九七一年）
古河虎之助君伝記編纂会編『古河虎之助君伝』（古河虎之助君伝記編纂会、一九五三年）
細井肇『政争と党弊』（益進会、一九一四年）
升味準之輔『日本政党史論』第二巻、四巻、五巻（一九六六年、一九六八年、一九七九年）
松尾尊兊『普通選挙制度成立史の研究』（岩波書店、一九八九年）
松下孝昭『近代日本の鉄道政策―一八九〇～一九二二年』（日本経済評論社、二〇〇四年）
松山恵『江戸・東京の都市史―近代移行期の都市・建築・社会』（東京大学出版会、二〇一四年）
三谷太一郎『日本政党政治の形成』（東京大学出版会、一九六七年）
三谷太一郎『近代日本の司法権と政党―陪審制成立の政治史』（塙書房、一九八〇年）

簑原俊洋『カリフォルニア州の排日運動と日米関係―移民問題をめぐる日米摩擦　一九〇六～一九二一年』（神戸大学研究双書刊行会、二〇〇六年）
盛岡市史編纂委員会編『盛岡市史』第七分冊・明治期下（盛岡市庁、一九六二年）
盛岡の歴史を語る会『もりおか物語』四巻〔仙北町かいわい〕（熊谷印刷出版部、一九七五年）
盛岡の歴史を語る会『もりおか物語』九巻〔内丸・大通かいわい〕（熊谷印刷出版部、一九七九年）
森靖夫『日本陸軍と日中戦争への道―軍事統制システムをめぐる攻防』（ミネルヴァ書房、二〇一〇年）
山本四郎『大正政変の基礎的研究』（御茶の水書房、一九七〇年）
山本四郎『初期政友会の研究―伊藤総裁時代』（清文堂出版、一九七五年）
山本四郎『山本内閣の基礎的研究』（京都女子大学、一九八二年）
由井正臣『田中正造』（岩波新書、二〇〇四年）
米原謙『兆民とその時代』（昭和堂、一九八九年）
渡辺保『明治演劇史』（講談社、二〇一二年）
Frederick R. Dickinson, *World War I and the Triumph of a New Japan 1919-1930*, Cambridge University Press, 2013

論文

飯塚一幸「原敬社長時代の『大阪新報』―日露戦争期を中心に」（前掲、伊藤之雄編著『原敬と政党政治の確立』）
伊藤孝夫「原内閣の経済閣僚―高橋是清と山本達雄」（前掲、伊藤之雄編著『原敬と政党政治の確立』）
伊藤之雄「日本政党政治研究の課題」（『日本史研究』三四五号、一九九一年五月）
伊藤之雄「若き原敬の国制観・外交観―『大東日報』主筆の壬午事変」（曽我部真裕・赤坂幸一編『大石眞先生還暦記念　憲法改革の理念と展開』下巻、信山社、二〇一二年）
伊藤之雄「若き原敬の動向と国家観・自由民権観―郵便報知新聞記者の明治十四年政変」（『法学論叢』一七〇巻四・

五・六号、二〇一二年三月）

伊藤之雄「『原敬関係文書』の発見と意義」（『日本史研究』六七〇号、二〇一八年六月）

小林丈広「幕末維新期の都市社会・再論」（『新しい歴史学のために』二九二号、二〇一八年五月）

小林道彦「児玉源太郎と原敬—台湾統治と統帥権改革・行政整理をめぐる対立と協調」（前掲、伊藤之雄編著『原敬と政党政治の確立』）

佐藤健太郎「大正期の東北振興運動—東北振興会と『東北日本』主幹浅野源吾」（『国家学会雑誌』一一八巻三・四号、二〇〇五年四月）

住友陽文「近代日本の政治社会の転回」（『日本史研究』第四六三号、二〇〇一年三月）

田口生編『原敬・研究ノート一　俳句と和歌の墨跡に見る原敬の花押と印形』（田口生、二〇〇八年）

田口生編『原敬・研究ノート二　原敬の花押と印形　補塡』（田口生、二〇〇八年）

玉澤友基「原敬の書（１）—その評価をめぐって（書翰の書を中心に）」（『岩大語文』二号、一九九四年）

玉澤友基「原敬の書（２）—書作品について」（『岩大語文』一二号、二〇〇七年）

中谷直司「第一次世界大戦後の中国をめぐる日米英関係—大国間協調の変容」（小林道彦・中西寛編著『歴史の桎梏を越えて—二〇世紀日中関係への新視点』千倉書房、二〇一〇年）

奈良岡聰智「原敬をめぐる『政治空間』—芝本邸・盛岡別邸・腰越別荘」（前掲、伊藤之雄編著『原敬と政党政治の確立』）

西田敏宏「ワシントン体制と幣原外交」（川田稔・伊藤之雄編著『二〇世紀日米関係と東アジア』風媒社、二〇〇二年）

平松良太「第一次世界大戦と加藤友三郎の海軍改革—一九一五〜一九二三年（一）」（『法学論叢』第一六七巻第六号、二〇一〇年九月）

細谷千博「シベリア出兵をめぐる日米関係」（同『ロシア革命と日本』原書房、一九七二年）

山室信一「東アジア史における第一次世界大戦—日本からの眼差し」（『思想』第一〇八六号、二〇一四年一〇月）

講談社現代新書　2583

真《しん》実《じつ》の原《はら》敬《たかし》　維《い》新《しん》を超《こ》えた宰相《さいしょう》

二〇二〇年八月一八日第一刷発行

著者　伊《い》藤《とう》之《ゆき》雄《お》　

発行者　渡瀬昌彦

発行所　株式会社講談社

東京都文京区音羽二丁目一二—二一　郵便番号一一二—八〇〇一

電話　〇三—五三九五—三五二一　編集（現代新書）

〇三—五三九五—四四一五　販売

〇三—五三九五—三六一五　業務

装幀者　中島英樹

印刷所　豊国印刷株式会社

製本所　株式会社国宝社

本文データ制作　講談社デジタル製作

定価はカバーに表示してあります　Printed in Japan

N.D.C.210　270p　18cm

ISBN978-4-06-520621-8

「講談社現代新書」の刊行にあたって

教養は万人が身をもって養い創造すべきものであって、一部の専門家の占有物として、ただ一方的に人々の手もとに配布され伝達されうるものではありません。

しかし、不幸にしてわが国の現状では、教養の重要な養いとなるべき書物は、ほとんど講壇からの天下りや単なる解説に終始し、知識技術を真剣に希求する青少年・学生・一般民衆の根本的な疑問や興味は、けっして十分に答えられ、解きほぐされ、手引きされることがありません。万人の内奥から発した真正の教養への芽ばえが、こうして放置され、むなしく滅びさる運命にゆだねられているのです。

このことは、中・高校だけで教育をおわる人々の成長をはばんでいるだけでなく、大学に進んだり、インテリと目されたりする人々の精神力の健康さえもむしばみ、わが国の文化の実質をまことに脆弱なものにしています。単なる博識以上の根強い思索力・判断力、および確かな技術にささえられた教養を必要とする日本の将来にとって、これは真剣に憂慮されなければならない事態であるといわなければなりません。

わたしたちの「講談社現代新書」は、この事態の克服を意図して計画されたものです。これによってわたしたちは、講壇からの天下りでもなく、単なる解説書でもない、もっぱら万人の魂に生ずる初発的かつ根本的な問題をとらえ、掘り起こし、手引きし、しかも最新の知識への展望を万人に確立させる書物を、新しく世の中に送り出したいと念願しています。

わたしたちは、創業以来民衆を対象とする啓蒙の仕事に専心してきた講談社にとって、これこそもっともふさわしい課題であり、伝統ある出版社としての義務でもあると考えているのです。

一九六四年四月　野間省一